做　　苦海中　　　一個快樂的人。 人心歡樂時，整個世界都是美好的

有一種智慧叫寬心

編　　著　無慮
出 版 者　大拓文化事業有限公司
責任編輯　廖美秀
封面設計　姚恩涵

總 經 銷　永續圖書有限公司
劃撥帳號　18669219
地　　址　22103 新北市汐止區大同路三段一九十四號九樓之一
TEL （〇二）八六四七—三六六三
FAX （〇二）八六四七—三六六〇
E-mail　yungjiuh@ms45.hinet.net
網　　址　www.foreverbooks.com.tw

CVS代理　美璟文化有限公司
TEL （〇二）二七二三—九九六八
FAX （〇二）二七二三—九六六八

法律顧問　方圓法律事務所　凃成樞律師

出 版 日◇二〇一六年十二月

國家圖書館出版品預行編目資料

有一種智慧叫寬心 / 無慮編著. -- 初版.
-- 新北市 : 大拓文化, 民105.12
面 ; 公分. -- (禪心系列 ; 02)
ISBN 978-986-411-034-6(平裝)
1.禪宗　　2.佛教修持
226.65　　105001145

第一章 做苦海中一個快樂的人

佛陀說：「極樂世界」，這不是一張空頭支票，而是真實的。人心歡樂時，整個世界都是美好的。如何得歡樂心？那就要做歡樂人：無愧、無執、無怒。

CONTENTS

第二章　寬嚴有度則可自在安樂

佛陀說：「能安忍之人，以安忍莊嚴其身，遇事皆能忍，安忍又為勤勉之人，所必有之行持。又修行之人，亦仗安忍之力，為自己之力，因安忍一事，能帶來大福大樂。」

第三章　懷一顆平常心對待得失利害

佛陀說：「應無所住。」就是要我們去掉執著心，不要執著於某個目標，不要為求一點，而失掉一面。因為你只有一個，而目標卻可以是很多個。

CONTENTS

第四章

糊塗的活著比清醒時更快樂

有的事不明白就不會牽腸掛肚，就會少一分煩惱。佛陀說：「一切萬法不離自性。」就是說人不可自尋煩惱，人說我癡，我就癡給他看。

第五章　做一個善良本分品德高尚的人

對於現代人來說，要想成功地做事，首先要學會做人。要每日德業兼修，不斷進取，不斷完善自己的品格。

CONTENTS

第六章

人心向善，善待別人就是善待自己

不通人情世故，只知道每天打坐、唸經，如果都按這樣去修行，恐怕坐一輩子禪，也是死禪；悟一輩子空，也是頑空。

1 做苦海中一個快樂的人

佛陀說：「極樂世界」，這不是一張空頭支票，而是真實的。人心歡樂時，整個世界都是美好的。如何得歡樂心？那就要做歡樂人：無愧、無執、無怒。

快樂之道

一日，無悔禪師正在院子裡鋤草，迎面走來三位信徒，向他施禮，說道：「人們都說佛教能夠解除人生的痛苦，可是我們信佛這麼多年，卻並不覺得快樂，這是怎麼回事呢？」

無悔禪師放下鋤頭，安詳地看著他們說：「想快樂並不難，首先要弄明白為什麼活著！」

三位信徒你看看我，我看看你，都沒料到無悔禪師會向他們提出這樣的問題。

過了片刻，甲說：「人總不能死吧！死亡太可怕了，所以人要活著。」

乙說：「我現在拚命地勞動，就是為了老的時候能夠享受到糧食滿倉、子孫滿堂的天倫之樂。」

丙說：「我可沒你那麼高的奢望。我必須活著，否則我一家老小靠誰養活呢？」

無悔禪師笑著說：「怪不得你們得不到快樂，原來你們想到的只是死亡、年老、被迫勞動，而不是理想、信念和責任。沒有理想、信念和責任的生活當然是很疲勞、很累的，不會覺得幸福，當然也不會覺得快樂了。」

信徒們不以為然地說：「理想、信念和責任，說說倒是很容易，但總不能當飯吃吧！」

無悔禪師說：「那你們說，有了什麼才能快樂呢？」

甲說：「有了名譽就有了一切，我就會覺得很快樂。」

乙說：「我覺得有了愛情，才會有快樂。」

丙說：「金錢才是最重要的，有了它我就什麼都不愁了。」

無悔禪師說：「那我提個問題：為什麼有人有了名譽卻很煩惱，有了愛情卻很痛苦，有了金錢卻更憂慮呢？」信徒們無言以對。

無悔禪師接著說：「理想、信念和責任並不是空洞的，而是體現在人們每時每刻的生活中。必須改變對生活的觀念、態度，生活本身才能有所變化。說穿了，快樂是要靠我們自己去尋找的。」

聽完無悔禪師的話，三位信徒從此明白了快樂之道。

其實，快樂與不快樂完全取決於我們對於生活和人生的態度。有一則小幽默說，同樣一個甜甜圈，在有些人眼中，因為它是甜甜圈，所以會覺得可口所以感覺很開心；而在另外一些人眼中，因為它中間缺了一個洞，就會覺得遺憾而變得不開心。所以，快樂不快樂完全是由我們自己決定的，而真正的快樂是從心底流出的。

據說，終南山出產一種快樂籐。凡是得到此籐的人，一定會喜形於色，笑逐顏開，不知道煩惱為何物。曾經有一個人，為了得到無盡的快樂，不惜跋山涉水，去找這種籐。他歷盡千辛萬苦，終於來到了終南山。可是，他雖然得到了這種籐，可仍然覺得不快樂。

這天晚上，他到山下的一位老人家裡借宿，面對皎潔的月光，不由地長吁短歎。

他問老人：「為什麼我已經得到了快樂籐，卻仍然不快樂呢？」

老人一聽樂了，說：「其實，快樂籐並非終南山才有，而是人人心中都有，只要你心裡充滿歡樂，無論天涯海角，都能夠得到快樂。心就是快樂的根。」

這人恍然大悟。

人生一世，草木一秋，能夠快快樂樂地活一生，是每個人心中的夢想。但是怎樣才能求得快樂呢？

那就是要清醒地知道快樂之道的根本在我們自己。

人的心靈是最富足的，也是最貧乏的。不同的人之所以對生活的苦樂有著不同的感受是因為心靈的富足和貧乏，而絕不是任何外物的客觀影響。內心的快樂才是快樂之道。

寬心的智慧

觀照己心，切莫苛求。若是總為外物的求之不得而苦惱，那你永遠都不會心生快樂。

無苦何來樂

有位一國首富，論財富，無人能及，然而，他這個在別人眼裡最幸福的人卻總覺得生活毫無快樂可言。於是，他將所有的貴重物品各樣東西都裝入一個大袋子裡，去尋找快樂。他從一個國家遊歷到另一個國家，但是沒有人能夠給他——即使只是一瞬的快樂。

他到了一個村子，一個村民告訴他：「有個禪師就坐在村中心的一棵樹下。你去他那裡，如果他沒有辦法讓你得到快樂，那麼你就算了吧！即使去到天涯海角，也沒有人能讓你得到快樂。」

富人非常激動，他迫不及待地跑到禪師那裡，請求禪師讓他得到快樂。並且：「我賺來的錢都在這個袋子裡。如果你能讓我得到快樂，我就把這些東西給你。」

禪師沒有回答他，而是忽然從他手中搶了袋子就跑。富人又哭又叫地尾隨著他。因為禪師對村子裡的大街小巷很熟，所以沒跑幾圈，富人就被禪師甩掉了。

富人簡直瘋了。他哭喊著：「我一生的財富都被劫走了，我變成一個窮人了！我變成一個乞丐了！」他哭得死去活來。

最後，那個人萬般無奈地回到禪師剛才坐的那個地方。卻發現袋子早已在原地了，富人見到了袋子，趕緊進行檢查——什麼也不缺！他鬆了一大口氣，一屁股坐在那個袋子上，喜極而泣。

禪師轉過來看著他說：「先生，你現在快樂嗎？你是不是已經得到了？」

富人終於醒悟過來，然後高興地說：「多謝禪師指點。」

苦樂是相對成立的。具體到我們，只有在深刻體會到某種失落的痛苦之後，才會感覺到真實的快樂。

在尋求快樂的過程中，由苦樂對比產生的落差而感覺快樂，難道這不是快樂嗎？當然這是一種快樂，但這種快樂本質上是一種假相的快樂！為什麼呢？

假若這些快樂本質上是真正的快樂，那麼就該像儲蓄存摺一樣，數字總是存款而非罰款；然而尋求豐足的人生努力過程中，很多時候卻像在提款繳罰單一樣。因此，沒錢繳罰單的時候固然是苦，縱然有錢繳罰單也不是快樂的，因為兩者都是懲罰的緣故。

然而為什麼有時我們會感覺到有錢繳罰單是一種快樂呢？而且似乎它就是一種感受上很真實的快樂呢？是的，兩種痛苦相比之下，如果落差夠大，就像由大苦反襯小苦，小苦反而成為快樂一樣，就像罰十萬塊改成罰十塊錢，這種反差呈現出來的快樂是很巨大的。

然而懲罰終究是懲罰，本質上不會變成獎賞。所以，如果習禪的方向一直滯留在所謂的「趨樂避苦」上，而看不透苦樂的相對性、本質虛幻的真相，這就意味著無法真正入禪。

只有我們瞭解滿足慾望的快樂永遠是虛妄的，我們才有希望進入清淨涅槃的大樂，達到生命的真實超越。

寬心的智慧

沒有醜就無所謂美，沒有苦就無所謂樂，細品世間滋味，苦過痛過之後才能得知即使是平淡也有一絲甘甜可嘗。

簡單才能快樂

一天晚上三更半夜，智通和尚突然大叫：「我大悟了！我大悟了！」

他這一叫驚醒了眾多僧人，連禪師也被驚動了。眾人一起來到智通的房間，禪師問：「你悟到什麼了？居然這個時候大聲吵嚷，說來聽聽吧！」

眾僧以為他悟到了高深的佛旨，沒想到他卻一本正經地說道：「我日思夜想，終於悟出了——尼姑原來是女人做的。」

剛說完，眾僧就哄堂大笑，「這是什麼大悟呀，我們大家都知道的呀！」

但是禪師卻驚異地看著智通，說：「是的，你真的悟到了！」

智通和尚立刻說道：「師父，現在我不得不告辭了，我要下山雲遊去。」

眾僧又是一驚，心裡都認為：這個小和尚實在是太傲慢了，悟到「尼姑是女人做的」這麼簡單的道理也沒什麼稀奇的，卻敢以此要求下山雲遊，真是太目中無人了；竟敢對我們師父這麼無理，可惡！

然而禪師卻不這樣認為，他覺得智通到了下山雲遊的時候了，於是也不挽留他，提著斗笠，率領眾僧，送他出寺。到了寺門外，智通和尚接過了禪師給他的斗笠，大步離去，再也沒有任何留戀。

眾僧都不解地問禪師：「他真的悟到了嗎？」

禪師感歎道：「智通真是前途無量呀！連『尼姑是女人做的』都能參透，還有什麼禪道悟不出來的呢？雖然這是眾人皆知的道理，但是有誰能從這裡悟出佛理呢？這句話從智通的嘴裡說出來，蘊涵著另一種特殊的意義——世間的事理，一通百通啊。」

世界上的事，無論看起來是多麼複雜神祕，其實道理都是很簡單的，關鍵在於是否看得透。生活本身是很簡單的，快樂也很簡單，是人們自己把它們想得複雜了，或者人們自己太複雜了，所以往往感受不到簡單的快樂，他們弄不懂生活的意味。

睿智的古人早就指出：「世味濃，不求忙而忙自至。」

所謂「世味」，就是塵世生活中為許多人所追求的舒適的物質享受、為人欣羡的社會地位、顯赫的名聲，等等。今日的某些人追求的「時髦」，也是一種「世味」，其中的內涵說穿了，也不離物質享受和對「上等人」社會地位的尊崇。

可憐的某些人在電影、電視節目以及廣告的強力鼓動下，「世味」一「濃」再「濃」，瘋狂地緊跟時髦生活，結果「不知不覺地陷入了金融麻煩中」。儘管他們也在努力工作，收入往往也很可觀，但收入永遠也趕不上層出不窮的消費產品的增多。如果不克制自己的消費，不適當減弱濃烈的「世味」，他們就不會有真正的快樂生活。

菲律賓《商報》登過一篇文章。作者感慨她一位病逝的朋友一生為物所役，終日忙於工作、應酬，竟連孩子念幾年級都不知道，留下了最大的遺憾。作者寫道，這位朋友為了累積更多的財富，享受更高品質的生活，終於將健康與親情都賠了進去。那棟尚在交付貸款的上千萬元的豪宅，曾經是他最得意的成就之一。然而豪宅的氣派尚未感受到，他卻已離開了人間。作者問：「這樣汲汲營營追求身外物的人生，到底快樂何在？」

這位朋友顯然也是屬「世味濃」的一族，如果他能把「世味」看淡一些，像陳美玲那樣「住在恰到好處的房子裡，沒有一身沉重的經濟負擔，週末休息的時候，還可以一家大小外出旅遊，賞花品草……」這豈不是愜意的生活？

陳美玲寫道：「『生活簡單，沒有負擔』，這是一句電視廣告詞，但用在人的一生當中卻再貼切不過了。與其困在財富、地位與成就的迷惘裡，還不如過著簡單的生活，舒展身心，享受用金錢也買不到的滿足來得快樂。」

簡單的生活是快樂的源頭，它為我們省去了欲求不得滿足的煩惱，又為我們開闊了身心解放的快樂空間！

簡單就是剔除生活中繁複的雜念、拒絕雜事的紛擾；簡單也是一種專注，叫做「好雪片片，不落別處」。生活中經常聽一些人感歎煩惱多多，到處充滿著不如意；也經常聽到一些人總是抱怨無聊，時光難以打發。其實，生活是簡單而且豐富多彩的，痛苦、無聊的是人們自己而已，跟生活本身無關；所以是否快樂、是否充實就看你怎樣看待生活、發掘生活。如果覺得痛苦、無聊、人生沒有意思，那是因為不懂快樂的原因！

快樂是簡單的，它是一種自釀的美酒，是自己釀給自己品嘗的；它是一種心靈的狀態，是要用心去體會的。簡單地活著，快樂地活著，你會發現快樂原來就是：「眾裡尋他千百度，驀然回首，那人卻在燈火闌珊處。」

寬心的智慧

世間本無事，庸人自擾之。快樂的無知者無休止地粉飾自己，以求在他人的目光中看到自己快樂的影子。只可惜他們把自己包裝得太複雜了，已經看不出本來的面目。所以，他們找不到自己的快樂。

比較得來的苦惱

過去，有一個老太太，她有兩個女兒，大女婿是賣草帽的，二女婿是賣傘的。一到雨天，老太太就唉聲歎氣，說：「大女婿的草帽不好賣，大女兒的日子不好過了。」但一到晴天，她又想起二女兒：「又沒人買雨傘了。」所以，不管晴天還是雨天，老太太都不開心。

一位雲遊和尚聽說了這件事，就來開導她：「晴天，你就想想大女兒的草帽好賣了，雨天你就想想二女兒的雨傘一定生意不錯。這樣，你不就天天高興了嗎？」

老太太聽了雲遊和尚的話，天天都有了笑容。

習慣於比較是人的天性，正是這種喜歡比較的天性促成了人與人之間的相互攀比，也促成了人的苦惱的產生。而且，人總是習慣於去看比較之後那不利的一面，所以，苦惱當然會隨即而至。

佛經上稱，世間為欲界，欲是什麼？欲是生命內在的希求，有從生理上發出的，也有從心理上發出的。

世人有五欲：財欲，即對財富的希求；色欲，對男女性交的希求；名欲，對名譽地位的希求；食欲，對飲食美味的希求；睡欲，對睡眠的希求。有情生命總是在五欲境界中不停地追逐，尋找所謂的幸福。

生活在欲望中，總想佔有一切，於是容不得別人比自己好，什麼事情都要比較。這樣有了分別心、比較心，就很難解脫了；因為帶著比較心生活的人，永遠都沒有滿足的時候，而且一旦落於人後，更會產生酸葡萄的心理。

北海有一條身長好幾里的大魚，活了幾千年。有一天，忽然刮了一陣大旋風，這條大魚順著旋風竟然變成了一隻大鵬鳥。

大鵬鳥身長也有幾里長，牠乘風振翅一衝，便能飛騰到九千里的高空。牠想從北海飛到南海，這大概需要半年的時間。

在這半年當中，牠不停地飛呀飛，從高空往下一望，看到白雲朵朵，如萬馬行空一樣；抬起頭，則是一片無邊無際灰茫茫的天空，除此之外一無他物，經過六個月的飛行，牠終於到達了南海。

那時，地面上正好有一隻小麻雀，看到了大鵬鳥，牠有點不舒服，心想：「飛得那麼高，何必呢？有那麼大的身體，要到達南海還不是得不斷地辛苦飛行嗎？像我這麼小巧玲瓏的身材多好呀，飛行的時候可以輕輕鬆鬆地，只要一枝小小的枝丫，就可以作為棲身之地；累了還可以到地面走走；如果想飛高一點，又飛不上去時，我乾脆就降落到草地上，像這樣生活多逍遙啊！大鵬鳥也沒什麼了不起的嘛！」

事實上，小麻雀並不逍遙，因為牠的心在與大鵬鳥做比較！因為自己的體型、力量太小，無法像大鵬鳥一飛沖天，所以就只能自我安慰地說說罷了。這正是比較中產生的酸葡萄心理在作祟！

事實上，大鵬鳥的身體大，兩翅張開便有幾里長，牠若不展翅高空，又將如何飛行？如何生活？小麻雀雖然身體較小，但小巧有小巧的好處，大家各有各的特長，各有各的生活空間，誰能剝奪彼此的空中享有權呢？

人與人之間也同樣如此，人的煩惱就是從比較、計較中產生的，從小在家中比較父母疼愛誰多一點，計較父母的偏心；上學後，學會與人比較誰的分數高，計較老師喜歡誰；踏入社會則又比較誰的薪資高，計較老闆對誰好；即使父母去世，還要計較誰分得的遺產多一點。就因為一切都要比較，各種紛爭就應運而生了，甚至很多罪惡也是由此而起。

其實，與別人比較，是相當辛苦的。生活屬於我們自己，為何要整天追隨別人的腳步？我們的地位可以卑微，我們的金錢可以不如別人多，但我們的權力和任何人都是平等的。

只有不比較、不計較，不把注意力集中在別人身上，才能將自己有限的時間全部融入自我的生命中，做出一番事業，最終無愧於來此一遭。而在心靈的坦然、安然中，在生活的自適、自得中，才能懂得欣賞他人的榮耀、成就或美麗，這才是一種修養、一種風度！

佛祖告訴我們，外相的一切都是虛空的，所以不要在表相上分別、比較。人生最大的缺憾，莫過於和別人比較，放棄自己。外來的比較，讓我們心靈動盪，不得自在，甚至迷失自己，障蔽了心靈深處原有的氤氳馨香。

無比較心，做我們自己，人生就不會痛苦，不會迷亂。所以，不和別人比較，才能獲得內心的平衡，才能悠然自得，才能找到一分安樂！

寬心的智慧

與他人比較，你會痛苦；與自己比較，才會得到快樂。你的目光需要追隨的不是別人，而應該是你自己。

何不放下

有一個人出門辦事，跋山涉水，非常辛苦。有一次他經過險峻的懸崖，一不小心，跌到深谷裡去了。眼看生命危在旦夕，他的雙手便在空中攀抓，剛好抓住懸崖壁上枯樹的老枝，總算保住了性命；但是人懸蕩在半空中，上下不得，進退維谷，不知如何是好。這時，他忽然看到慈悲的佛陀站在懸崖上，正慈祥地看著自己。

此人如見救星般趕快求佛陀：「佛陀！求求您慈悲，救我吧！」

「我救你可以，但是你要聽我的話，我才有辦法救你上來。」佛陀慈祥地說。

「佛陀！到了這種地步，我怎敢不聽您的話呢？隨您說什麼，我全都聽您的。」

「好吧！那麼請你把攀住樹枝的手放下！」

此人一聽，心想：「把手一放，勢必掉到萬丈深淵，跌得粉身碎骨，哪裡還保得住性命？」

因此他更是抓緊樹枝不放。佛陀看到此人執迷不悟，只好離去。

「放下」是非常不容易做到的，有了權勢，就對權勢放不下；有了功名，就對功名放不下；有了金錢，就對金錢放不下；有了愛情，就對愛情放不下；有了事業，就對事業放不下。

因為放不下，所以會經常被這些外物牽絆，因為太在意，所以，終日憂愁掛懷，難以超然灑脫，愉快地享受生活中的每一次欣喜。如果說當一個人得不到他所求的東西時，他難以快樂。那麼，得到了就該快樂了吧？然而，事實並非如此，當一個人用盡全力，甚至不惜傾盡所有得到了他想要的東西時，他會失望地發現原來夢想和現實，追求與獲得之間的差距竟然如此巨大。他依然是不快樂的。

那麼，我們為什麼總是不快樂？因為我們總是放不下，不能夠超脫，不能夠不在意，禪境中所講的隨意、隨性、隨緣，我們做不到。其實，所有的事你何必去在意結果？放下心裡的那些重擔、盡自己所能，將所有的事情做到最好，並在做的過程中享受屬於自己的快樂，這已足夠。反之，如果你總是刻意追求一種結果，那麼，你永遠都無法快樂。因為，人的貪慾永遠都無法填平。而且，你很可能因為貪慾太盛而扭曲自己的人性。

有一對很要好的朋友在樹林裡散步，突然看到有個乞丐慌慌張張地從叢林中跑出來，便問道：「什麼事讓你這麼驚慌失措？」

乞丐說：「太可怕了，我在樹林裡挖到一堆金子！」

兩個人心裡一驚：「這個人真是傻瓜！挖到黃金，這麼好的事情居然覺得害怕！」於是他們問道：「你在哪裡挖到的？能告訴我們嗎？」

乞丐問：「這麼厲害的東西，你們不怕嗎？它會吃人的！」

那兩個人不以為然地說：「我們不怕，請你告訴我們在哪兒吧！」

乞丐說：「就在森林最東邊的那棵樹下面。」

兩個朋友立刻找到那個地方，果然發現了很多金子。

於是，一個人對另一個人說：「這個乞丐真是愚蠢，有這些金子他根本用不著再討飯了，而且人人渴望的金子在他眼裡卻成了吃人的東西！真是個傻瓜，難怪要一輩子飯。」

另一個人也隨聲附和地點頭稱是。

他們於是討論怎麼處置這些金子，其中一人說：「白天拿回去不太安全，還是晚上再拿回去吧！我在這兒看著，你回去拿些飯菜，我們等到天黑再把金子拿回去吧！」

另外一個人就照他說的去做了。留下的那個想：「如果這些金子都歸我一個人多好呀。等他回來，我就用棍子打死他，這些金子就都屬於我了。」他開心地笑了。

回去拿飯的那個也在想，獨佔這些金子該多好呀，於是就在飯菜裡下了毒，要毒死自己的朋友。

但他剛回到樹下，他的朋友就用木棍將他打死，然後說道：「親愛的朋友，我本不想殺你的，可是這堆金子逼迫我這樣做呀。」

之後，他拿起朋友送來的飯菜，狼吞虎嚥地吃起來了。沒過多久，他就覺得肚子裡如火燒一樣，他知道自己中毒了，臨死前他無限感歎地說：「乞丐說的話真是一點都沒錯呀！」

這就是人性中最黑暗的那一面的真實寫照。死亡皆因貪慾而起，朋友間的相互信任、相互依賴在瞬間土崩瓦解。受功名利祿的誘惑，我們連生命都難以保證，何談快樂？

佛陀說：「放下，旨在告訴我們放下貪慾就是放下危險，放下憂愁。這樣我們才能得到快樂。

寬心的智慧

放下才能得到，如果總是難以割捨，你只會抓著憂愁越走越累。

知足常樂

從前，菩薩是一個大國的國王，名叫察微。

有一次，在空閒的日子裡，察微王穿著粗布衣服，去巡視民情。他看到一個老頭正在愁眉苦臉地補鞋，就開玩笑地問他說：「天下的人，你認為誰是最快樂的？」

老頭兒不假思索地回答：「當然是國王最快樂了，難道是我這老頭兒呀？」

察微王問：「他怎麼快樂呢？」

老頭兒回答道：「百官尊奉，萬民貢獻，想要什麼，就能有什麼，這當然很快樂了。哪像我整天要為別人補鞋子這麼辛苦。」

察微王說：「那倒如你講的。」

他便請老頭兒喝葡萄酒，老頭兒醉得毫無知覺。察微王讓人把他扛進宮中，對宮中的人說：「這個補鞋的老頭兒說做國王最快樂。我今天和他開個玩笑，讓他穿上國王的衣服，聽理政事，你們配合點。」

宮中的人說：「好！」

老頭兒酒醒過來，侍候的宮女假意上前說道：「大王醉酒，各種事情積壓下許多，應該去理政事了。」

眾人把老頭兒帶到百官面前，宰相催促他處理政事，他懵懵懂懂，東西不分。史官記下他的過失，大臣又提出意見。他整日坐著，身體痠痛，連吃飯都覺得沒味道，也就一天天瘦了下來。

宮女假意地問道：「大王為什麼不高興呀？」

老頭兒回答道：「我夢見我是一個補鞋的老頭兒，辛辛苦苦，想找碗飯吃，也很艱難，因此心中煩悶。」

眾人莫不暗暗好笑。夜裡，老頭兒翻來覆去睡不著覺，說道：「我究竟是一個補鞋的老頭呢？還是一個真正的國王？要真是國王，皮膚怎麼這麼粗？要是個補鞋的老頭又怎麼會在王宮裡？是我的心在亂想，還是眼睛看錯了？一身兩處，不知哪處是真的？」

王后假意說道：「大王的心情不愉快。」便吩咐擺出音樂舞蹈，讓老頭兒喝葡萄酒。

老頭兒又醉得不知人事。大家給他穿上原來的衣服，把他送回原來的破床上。老頭兒酒醒過來，看見自己的破爛屋子，還有身上的破舊衣服，都和原來一樣，全身關節疼痛，好像挨了打似的。

幾天之後，察微王又去看老頭兒。老頭兒說：「上次喝了你的酒，就醉得不曉人事，到現在才醒過來。我夢見我做了國王，和大臣們一起商議政事。史官記下了我的過失，大臣們又批評我，我心裡真是驚惶憂慮，全身關節疼痛，比挨了打還痛苦。做夢都如此，不知道真正做了國王會怎麼樣？上次說的那些話錯了。」

因而菩薩說：「莫羨王孫樂，王孫苦難言；安貧以守道，知足即是福。」

故事中補鞋的老頭兒羨慕國王的生活，以為錦衣玉食、萬民朝拜就是一種快樂，豈不知國王也有國王的苦惱，補鞋也有補鞋的樂趣。

其實布衣茶飯，也可樂終身。人生在世，貴在懂得知足常樂，要有一顆豁達開朗平淡的心，在繽紛多變、物慾橫流的生活中，拒絕各種誘惑，心境變得恬適，生活自然就愉悅了。而人之所以有煩惱，就在於不知足，整天在慾望的驅使下，忙忙碌碌地為著自己所謂的「幸福」追逐、焦灼、勾心鬥角……結果卻並非所想。

早在春秋時期，就有過這種活生生的例子：

曾與「臥薪嘗膽」的越王勾踐一起同甘共苦過的范蠡，在越國最終擊敗吳國之後被任命為大將軍。在世人看來，此時的范蠡本應享受富貴榮華風光無限，可他卻偏偏辭去官職離開越國，徹底地銷聲匿跡了。據《史記》記載，范蠡先是去了齊國務農，後又移至陶地經商，並更名改姓陶朱公，安享餘生，直至終老。

而與范蠡同樣作為越國重臣的文種，卻因為貪心不足，落得個完全不同的結局。

在越國擊滅吳國後，曾經在沙場上立下了汗馬功勞的文種依然選擇留在越王勾踐的身邊，完全不顧范蠡對他做出的「飛鳥盡，良弓藏，狡兔死，獵狗烹」的忠告。雖然文種最後也稱病辭官，可他卻因為不願放棄家鄉的良田美景而繼續留在了越國國內。由於他的功勞和威名實在太大，所以當奸佞小人誣陷他有興兵作亂的企圖時，早就想要除掉這個心腹大患的越王勾踐也就藉著這個機會，以謀反罪將文種處死了。

同樣是居功至偉的朝廷重臣，可是范蠡和文種的最終結局卻一生一死迥然有別。歸根結底，還不是因為他們在對待「名利」二字的態度和做法上存在著太多的不同。淡泊名利的得以快樂終老，而執著名利的卻最終人財兩空。

知足天地寬，貪則宇宙窄。放下肩頭利慾的重擔，拉住知足的手，珍惜所得到的所擁有的一切，在知足中進取，快樂將永遠陪伴左右。

寬心的智慧

擁有花，就去深嗅花的芬芳，擁有草，就去欣賞草的青綠，懷有一顆知足心品嘗已有果實和美味，才能獲得真實的快樂。

與幽默結緣

有一位老先生，得了病，頭痛、背痛、茶飯無味、萎靡不振。他吃了很多藥，也不管用。這天聽說來了一位著名的禪師，精通醫道，他就去看病。

禪師望聞問切一番後，給他開了一張方子，讓老先生去按方抓藥。老先生來到藥鋪，給賣藥的師傅遞上方子。

師傅接過一看，哈哈大笑，說這方子是治婦科病的，禪師犯糊塗了吧？老先生趕忙去找禪師，禪師卻出門了，說要一個多月才能回來。

老先生只好揣起方子回家。回家路上，他想起糊塗禪師開糊塗方，自己竟得了「月經失調」的婦女病，禁不住哈哈大笑起來。這以後，每當想起這事，老先生就忍不住要笑。他把這事說給家人和朋友，大家也都忍不住樂。

一個月後，老先生去找禪師，笑呵呵地告訴禪師方子開錯了。禪師此時笑

著說，這是他故意開錯的——老先生是肝氣鬱結，引起精神抑鬱及其他病症，而笑，則是他給老先生開的「特效方」。

老先生這才恍然大悟——這一個月，老先生光顧笑了，什麼藥也沒吃，身體卻好了。

俗話說：「笑一笑，十年少。」的確，經常保持愉快的心情，笑口常開，是大有益於身心健康的。笑，使肌肉變得柔軟，身心在極度放鬆的狀態下，很難引起焦慮。

有一位幽默專家說：只要我笑，就多一分覺醒，對這個世界更有安全感。每個人的鼻子從某個角度來看多少有些可笑，即使人的臉上沒有可笑的東西，在品格、心態或習慣上也有可笑之處。如果承認自己的鼻子可笑，不為它辯解，我們就會笑，世界也會分享我們的笑。

真正的幽默是能反躬自笑的，它不但對於人生是幽默的看法，它對於幽默本身也是幽默的看法。

我們都熟悉那個永遠都樂呵呵的大肚子彌勒佛，他的哲言是：大肚能容，容天下難容之事；笑口常開，笑世上可笑之人。我們應該學學這位樂觀的覺者，在我們遇到不順心的事或不對好付的人時，不妨笑一笑，或來點兒幽默，不要把它看得太嚴重，不要自尋煩惱，自我折磨。

米芾是宋代著名書法家，年輕時做縣官。有一年天旱，蝗蟲成災。米芾正安排人滅蝗，忽然，鄰縣縣官寫來一份公文，指責他「驅蝗入境」。對這無理的指責，米芾沒有動怒，而是寫了一首六言詩，批在公文後面，退了回去。詩曰：「蝗蟲本是天災，不由人力安排。若是敝邑遣去，還請貴縣發來。」你看，這樣的處理該有多好。

死亡、離婚、疾病……這些都是令人不快的事，但性格開朗的人卻能以微笑對之。美國有一個叫薩洛揚的人，在臨終前打電話給美聯社留下遺言：「每個人都會死，我一直以為自己會是個例外，現在看來是無法倖免了。」匹茲堡有家報紙登了這樣一個廣告：「二手墓碑廉售，名叫墨菲的人不可錯失良機。」當我們能以這樣的態度看待死亡時，我們還有什麼可憂愁的呢？還有什麼看不開的呢？

開心地笑吧，「不要使冰霜結在你的臉上」。說到這裡，我們可以看看日本人，他們現在正在努力「學習」笑。東京股票交易所的一位高級行政人員佐佐木勇男說：「對日本男人來說，笑不是一件容易的事。傳統教育使我們終日緊繃著臉，喜怒哀樂深藏不露。」日本有許多公司為職員開設了微笑學習班。角川先生是一家「笑臉迎人」培訓班的教師。他說：「我的大部分學生都不懂得如何微笑。你簡直難以想像，要讓他們肌肉僵硬的面部變成一副笑臉要花費多少力氣。」

這位教師曾採取一種機械的方法讓學生學會笑：咬住一根筷子，嘴角努力向上翹，然後把筷子取下，努力保持嘴角向上的表情不動。日本公司這樣費勁地從老闆到職員都學笑，是為了推銷出更多的汽車、電腦、照相器材。

但是，真正的有益身心的笑，應該是發自內心的。它首先是一種樂觀開朗的生活態度，是對人對己的寬容大度，是不計較得失的坦然心胸。笑的修養，也是人品的修養。

要想活得幸福、活得健康、活得快樂，最好的方法，就是「笑」。笑，是日常生活的安全閥，它可以減輕或除去有損健康的不良情緒；它讓我們懷有與人為善之心；它讓我們擁有幻想和鬆弛，在沉重的壓力下得到休息；它也讓生命變得趣味盎然……

與幽默結緣，擁有一種達觀的人生態度，是入世時的一種恬淡，是出世時的一種清醒。

寬心的智慧

一切世人皆可笑，一切世事皆可笑，心中常有笑意，則可美顏久駐。

為人處世的最高境界就像水的品性一樣

老子說：「上善若水，水善利萬物而不爭。」意思是說，最高境界的善行就像水的品性一樣，澤被萬物而不爭名利。

可以說，「水」是無處不在的。它的靈活多變的形態，保證了它能在任何地方都游刃有餘地發揮自己的作用。有很多人經常抱怨自己懷才不遇，埋怨「千里馬常有，而伯樂不常有」。事實上，我們是否應該靜下來好好想想，自己做事的方式和方法是否得體呢？

沒事的時候，可以靜靜地觀察一下「水」，充分的思考一下「水」的哲學。要想成就一番事業，不是光有才華就行的。試想，我們若用一塊兒冰去砸石頭，結果會怎樣？當然是冰都碎了，石頭還完好無損；但是要是換成液態的水，結果可能就會不一樣，想必大家都很熟悉「水滴石穿」這個成語。

有一個人在社會上總是落魄，不得志，便有人向他推薦智者。

他找到智者。智者沉思良久，默然舀起一瓢水，問：「這水是什麼形狀？」這人搖頭：「水哪有什麼形狀？」智者不答，只是把水倒入杯子，這人恍然：「我知道了，水的形狀像杯子。」智者無語，又把杯子中的水倒入旁邊的花瓶，這人悟然：「我又知道了，水的形狀像花瓶。」智者搖頭，輕輕提起花瓶，把水輕輕倒入一個盛滿沙土的盆。清清的水便一下溶入沙土，不見了。

這人陷入了沉默與思索。

智者低身抓起一把沙土，歎道：「看，水就這麼消逝了，這也是一生！」

這個人對智者的話咀嚼良久，高興地說：「我知道了，您是透過水告訴我，社會處處像一個個規則的容器，人應該像水一樣，盛進什麼容器就是什麼形狀。人還極可能在一個規則的容器中消逝，就像這水一樣，消逝得迅速、突然，而且一切無法改變！」這人說完，眼睛緊盯著智者的眼睛，他現在急於得到智者的肯定。

「是這樣。」智者拈鬚，轉而又說，「又不是這樣！」

說畢，智者出門，這人隨後。在屋簷下，智者伏下身，手在青石板的台階上摸了一會兒，然後頓住。這人把手指伸向剛才智者手指所觸之地，他感到有一個凹處。他迷惑，他不知道這本來平整的石階上的「小窩」藏著什麼玄機。

智者說：「一到雨天，雨水就會從屋簷落下，看，這個凹處就是水落下的結果。」

此人遂大悟：「我明白了，人可能被裝入規則的容器，但又像這小小的水滴，改變著這堅硬的青石板，直到破壞容器。」

智者說：「對，這個窩會變成個洞！」

水是至柔的東西，但日久天長竟也能穿透石板。在生活中，我們要像水一樣，能屈能伸：既要盡力適應環境，也要努力改變環境，實現自我。我們應該多有一點韌性，能夠在必要的時候彎一彎，轉一轉。太堅硬的東西，容易折斷。唯有那些不只是堅硬，而更多有一些柔韌的彈性的人，才可以克服更多的困難，戰勝更多的挫敗。

做人多一些如水一般的溫柔純淨、海納百川的包容大度、適應百態的歷練豁達、萬變不離其宗的從容淡定、以柔克剛的聰慧與靈活，那麼你一定會以一個平和的心態，寬容的姿態，溫柔的神態，構建一種良好的人際關係，為事業發展奠定堅實的人際關係基礎。獨木難成林，一個好漢還要三個幫呢。

寬心的智慧

做人如水，讓似水的柔情一點一滴地沁入人心，滋潤了別人也拓展了自己。水是無形的，情是無聲的，無中卻能生有。如果你做人能像水那樣流暢自如地適應任何環境，遇熱則熱，遇冷則冷，遇縫鑽縫，遇海入海，隨遇而安，卻又剛柔相濟，你的人生之路就會暢通無阻，如入無人之境。

用理智控制自己是做人的一種基本準則

白居易的詩說：「不如放身心，冥然任天造。」意思是：凡事不如都放心大膽去做，至於成功失敗一切聽憑天意。晁補之的詩說：「不如收身心，凝然歸寂定。」意思是：凡事小心謹慎去做，就能能達到堅定不移的境界。而《菜根譚》的作者則指出：「主張放任身心，容易使人流於狂放自大；主張約束身心，容易使人流於枯槁死寂。」只有善於操縱自己身心的人，才能掌握事物的規律，對一切事做到收放自如的境界。

人和動物在行為上的根本區別，在於人的行為的自覺性。動物的行為直接受其本能所支配。本能是無需學習的。本能的行為不管如何複雜，總是直接地、自發地、沒有節制地進行。動物一方面借助這些本能來滿足自己的各種需要，另一方面它們又都是自己本能的奴隸。而人則能意識到自己的本能，並能駕馭自己的本能。本能一旦被意識到，它就要受意識所控制，本能也就人化和社會化了。

一切生物本能在文明人身上表現的時候，都要受意識所控制。如果一個人的生物本能得不到意識和理智的過濾，那麼他就永遠也不能上升為人的心理，這個人的生命也就只能處於一種低級的動物狀態。有人把人的生物本能比作一匹野馬，理智就像韁繩。沒有韁繩的馬，是一匹未經馴服的野馬；而有韁繩控制的馬，才是一匹有用的馬。只有用自己的意志努力去服從自己的理智，自覺地支配自己去實現自己的目的，我們才能透過對自身支配去支配世界。

古今中外的思想家都曾提到用理智控制自己，是做人的一種基本準則。孔子強調修己和克己。古希臘的柏拉圖提出：「節制是一種秩序，一種對於快樂和慾望的控制。」亞里斯多德說：「人與動物的區別，正在於置行為於理智」，「不僅應把對敵人取得勝利的人看作是勇敢的人，而且也應把那對自己的慾望取得勝利的人看作是勇敢的人。」經過他們的提倡，「節制」被定為古希臘的四德（智、勇、義、節）之一。後世的思想家在發揮和修正這些學說時，也都一致強調理智對個人的約束作用。這些理論的侷限是自不待言的，但是他們強調人的行為應自覺地受意識和理智的控制，卻反映了人類社會生活的客觀要求和人類歷史發展的規律。

一位著名作家說：「要想征服世界，首先要學會控制自己。」控制自己不是一件非常容易的事情，因為我們每個人心中永遠存在著理智與感情的鬥爭。自我控制、自我約束也就是要一個人：按理智判斷行事，克服追求一時感情滿足的本能願望。一個真正具有自我約束的人，即使在情緒非常激動時，也是能夠做到這一點的。

自我約束表現為一種自我控制的感情。自由並非來自「做自己高興做的事」，或者採取一種不顧一切的態度。自己要戰勝自己的感情，證明自己有控制自己命運的能力。如果任憑感情支配自己的行動，那便使自己成為了感情的奴隸。一個人，沒有比被自己的感情所奴役更不自由的了。

我們有一種稱為「自我約束」的動力，而這種動力所要求的代價可不少。有一次，波蘭鋼琴家巴德瑞斯基舉行的音樂會散場之後，一個樂迷對他說：「我願意終生獻身以求達到這樣的成就。」這位卓越的鋼琴家回答：「我就是這樣做了。」

我們常常只看見偉大的成就，而忽略了成就背後的辛勞和毅力。因此我們會說，有成就的人有頭腦，有體力，或者運氣好，而既然我們這三方面都不行，那就算了吧！這不是說，只要注重自我約束，我們就人人都可以成為鋼琴演奏家；而是說，我們每個人在某一方面都有成功的條件。但是，要獲得成功，就必須運用意志力和努力工作。

我們每個人都在透過努力做使自己生活更有意義的事，並且在向著未來的目標奮進。但是，生活在現實的世界中，我們絕不應該採取僅使今天感到愉快的態度，而絲毫不顧及明天可能發生的後果。我們的感情大都容易傾向於獲得暫時的滿足，而那些提供大量暫時的滿足的事，通常就是對我們長期的健康、快樂和成功最有害的事情。因此，在追求一種有意義的生活時，我們應當努力預測自己所從事的事情對將來可能產生的後果，我們要善於做好自我約束。

自我約束就是自律。從本質上來說，自律就是我們被迫行動前，有勇氣自動去做我們必須做的事情。自律往往和我們不願做或懶於去做、但卻不得不做的事情相聯繫。「律」既然是規範，當然是因為有行為會越出這個規範。比如，刷牙洗臉是每天必須要做的事情，但是有一天我們回到家筋疲力盡，如果我們倒床就睡，就是在放縱自己的行為；如果我們克服身體上的疲憊，堅持做該做的事，這是我們自律的表現。人們往往會遇到一些讓自己討厭或使行動受阻撓的事情，而在這種情況下，應該克服對情緒的干擾，接受考驗。

每一個人必須具有自我約束能力，養成自我約束的習慣，不讓別人用次要的計劃或無關的事情拉我們離開軌道。我們必須有自我約束能力，保持頭腦不受種種雜念的干擾，不去想還有什麼其他事應當去做等等……從各方面不斷轟擊我們大腦的雜念。

寬心的智慧

養成自我約束的習慣，在生活中時刻注重自律，堅持去做正確、有益的事情，你就會離成功越來越近！

要時時注意淨化自己的心靈

純潔的水才是可愛的，容易被別人接收和利用。要保持水的純潔，往往需要對水進行一定的淨化。同樣的道理，擁有美好而純潔的心靈無疑會得到更多人的朋友和更多的信賴，這是擁有一個和諧的人際環境的必要條件。一個心靈骯髒的人必然被骯髒的氛圍所包圍，也必然會招致別人的厭惡。因此，我們有時也需要對自己的心靈進行適當的淨化。

南北朝的神秀有一首偈子：

身是菩提樹，心為明鏡台。
時時勤拂拭，勿使惹塵埃。

這首偈子的意思是：要時時刻刻的去淨化自己的心靈和心境，透過不斷的修行來抗拒外面的誘惑和種種邪魔。

而神秀的師弟慧能則認為：

菩提本無樹，明鏡亦非台。

本來無一物，何處惹塵埃。

這首偈子是說：世上本來就是空的，看世間萬物無不是一個空字，心本來就是空的話，就無所謂抗拒外面的誘惑，任何事物從心而過，不留痕跡。佛教界認為，慧能的境界顯然比神秀要高出一層。

我們大多數人是達不到慧能所說的那種境界，所以，應當時時注意淨化自己的心靈。

明朝有一個叫董京的人在京城為官，有一年，山東大旱，董京被朝廷派往山東指揮軍民抗旱，因抗旱有功，董京回京後被朝廷重賞，官升一級。但就在自己的事跡被民眾廣為傳誦的時候，董京卻出人意料地向朝廷交代曾截留過朝廷下放的救災銀兩，並把截留的銀兩如數退了出來，要求將功贖罪，不要陞官。

事後，有人說他傻，為什麼要在大紅大紫之時揭自己的短？對此，董京是這樣說的：「山東大旱，顆粒無收，民不聊生，所到之處，屍首遍野，人去屋空，不是親眼目睹，很難想像災民悲慘的現狀。災民的不幸遭遇，使我坐立不安，深感過去截留救災銀兩之罪過。在抗旱救災中，汗水沖走我身上塵土的同時，也洗去我心靈中的污垢。所以，我要在獲得榮譽的時候揭發自己，以減輕內心的疚愧，求得寬恕。」

董京的話，講出了一個道理：經過一次生與死、血與淚的親身體驗後，人的心靈會得到淨化，精神會得到昇華。後來，董京成為明朝不可多得的清官。

一位哲人說：人有天使的一面，也有魔鬼的一面。天使的一面，就是樂施好善；魔鬼的一面，就是擁有私心雜念。天使也好，魔鬼也罷，都是一個具有七情六慾的人的正常心理，「人非聖賢，孰能無過？」關鍵是能否及時清理私心雜念，洗滌心靈的污垢，清除魔鬼的一面。否則，當魔鬼的一面統領全局時，人的心靈家園就會迷失在燈紅酒綠、紙醉金迷之中，淹沒在靈與肉、淚與笑的搏擊之中，再也找不回自己的靈魂。

淨化心靈，貴在追求真實的自我。因為只有自己才是心靈家園的清潔工，只有敞開心扉，才能看見污垢，如果總是用雙手遮住自己心靈深處的污垢，那麼，污垢是永遠也洗滌不淨的。

淨化心靈，貴在經常。倘若人們每天都能用「吾日三省吾身」的辦法來捫心自問：這餐飯是否能吃、這個地方是否能去、這筆錢是否能拿、這個公文是否能批、這個人情是否能賣……就會做出正確的選擇，污垢就不會積厚成疾，難以除去。

寬心的智慧

「物洗則潔，心洗則清」。經常淨化心靈，便會洗出一個完美的自我。

2

寬嚴有度則可自在安樂

佛陀說：「能安忍之人，以安忍莊嚴其身，遇事皆能忍，安忍又為勤勉之人，所必有之行持。又修行之人，亦仗安忍之力，為自己之力，因安忍一事，能帶來大福大樂。」

寬容是一種美

寬容是一種美，因為有了寬容才使許多人有了浪子回頭的決心。因為寬容才使那顆犯錯的心有了安全的迴旋餘地。當你選擇寬容時，你就給了這個世界無比的榮耀。而你將得到這世界最美的祝福。禪者說：「量大則福大。」就是在說因為你有一顆寬容的心。所以，能獲得最大的福緣。

一天晚上，一位老禪師在寺院裡散步，忽然發現牆角邊有一張椅子，一看就知道有出家人違犯寺規翻牆溜出去了。

這位老禪師不動聲色地走到牆角邊，把椅子移開，就地蹲著。沒過多久，果然有一位小和尚翻牆進來，他不知道下面是老禪師，於是在黑暗中踩著老禪師的脊背跳進了院子。

當他雙腳落地的時候，突然發現自己原來踩的不是椅子，而是老禪師。小和尚頓時驚慌失措，木雞般地呆立在那裡，心想：「這下糟糕了，肯定要被杖責了。」但是，出乎小和尚意料的是，老禪師並沒有厲聲責備他，只是平靜而關切地對他說：「夜深天涼，快回去多穿點衣服吧！」

老禪師寬恕了小和尚的過錯。因為他知道，此時此刻，小和尚已經知錯了，那就沒有必要再饒舌訓斥了。之後，老禪師也沒有再提及這件事，可是寺院裡的所有弟子都知道了這件事，從此以後，再也沒有人夜裡翻牆出去閒逛了。

這就是老禪師的度量，他給犯過錯的弟子提供反省的空間，使其悔悟，自戒自律，所以寬容也是一種無聲的教育。

寬容地對待別人的過錯，這是何等的胸懷。學會寬容，是一種美德、一種氣度，因為你能容得他人不能容，所以你也必將擁有了別人不能擁有的。

古人云：金無足赤，人無完人。寬容是一劑良藥，醫治人心靈深處不可名狀的跳動，滋生永恆的人性之美。我們不僅要寬容朋友、家人，還要寬容我們的敵人、對手。在非原則性的問題上，以大局為重，你會體會到退一步海闊天空的喜悅；化干戈為玉帛的喜悅；人與人之間相互理解的喜悅。要知道你並非踽踽單行，在這個世界上，雖然人們各自走著自己的生命之路，但是紛紛攘攘中難免有碰撞。如果冤冤相報，非但撫平不了心中的創傷，而且只能將傷害捆綁在無休止的爭吵上。

有這樣一則故事：一位婦人同鄰居發生糾紛，鄰居為了報復她，趁夜偷偷地放了一個骨灰盒在她家的門前。第二天清晨，當婦人打開房門的時候，她深深地震驚了。她並不是感到氣憤，而是感到仇恨的可怕。是啊，多麼可怕的仇恨，它竟然衍生出如此惡毒的詛咒！竟然想置人於死地而後快！婦人在深思之後，決定用寬恕去化解仇恨。

於是，她拿著家裡種的一盆漂亮的花，也是趁夜放在了鄰居家的門口。又一個清晨到來了，鄰居剛打開房門，一縷清香撲面而來，婦人正站在自家門前向她善意地微笑著，鄰居也笑了。

一場糾紛就這樣煙消雲散了，她們和好如初。

寬容敵手，除了不讓他人的過錯來折磨自己外，還處處顯示著你的純樸、你的堅實、你的大度、你的風采。那麼，在這塊土地上，你將永遠是勝利者。只有寬容才能癒合不愉快的創傷，只有寬容才能消除一些人為的緊張。學會寬容，意味著你不會再心存芥蒂，進而擁有一分流暢、一分瀟灑。在生活中我們難免與人發生摩擦和矛盾，其實這些並不可怕，可怕的是我們常常不願去化解它，而是讓摩擦和矛盾越積越深，甚至不惜彼此傷害，使事情發展到不可收拾的地步，用寬容的心去體諒他人，真誠地把微笑寫在臉上，其實也是善待我們自己。當我們以平實真摯、清靈空潔的心去寬待對方時，對方當然不會沒有感覺，這樣心與心之間才能架起溝通的橋梁，這樣我們也會獲得寬待，獲得快樂。

一個人能否以寬容的心對待周圍的一切，是一種素質和修養的體現。大多數人都希望得到別人的寬容和諒解，可是自己卻做不到這一點，因為總是把別人的缺點和錯誤放在心裡。所以，帶給自己的就只能是煩惱和怨恨。寬容是一種美，當你做到了你就是美的化身。

寬心的智慧

心有多大，你的舞台就有多大。

請你選擇寬恕

沒有人不會犯錯，而知道自己犯了錯的人最希望得到別人的寬恕和諒解。假如別人希望在自己犯錯之後求得你的諒解，你是否能夠給他一次改過的機會？這便是你選擇做一個寬容的人還是做一個苛刻的人的機會。

釋迦在世時，弟子中出了一名叛徒。這個背叛者是釋迦的堂兄弟提婆。提婆妒忌釋迦的名聲，屢次設計要殺害他都終告失敗。釋迦一次次寬恕了他，不過他這個人卻惡劣成性，始終不改。有一次，尼僧法施諄諄告誡他，卻惹得他凶性大發，殺死了法施。

然而，一重又一重的惡行積壓下來，終使提婆不堪良心的譴責而病倒了。病床上的提婆每天都過得極憂煩痛苦，非常希望有什麼方法能減輕身心上的折磨。於是他拖著病體，乘了一頂輿轎到釋迦那兒去，想要向他懺悔自己的罪過。

然而當輿轎一著地，大地就刮起了一陣大風，而提婆也就活生生被打入阿鼻地獄去了。釋迦的一名弟子見狀非常不忍，就對釋迦說：「我想救救提婆。」

釋迦說：「很好，可是有一點要注意，你要以正心說教，讓他徹底改過。因為要讓惡人幡然悔悟，實比在枯木上雕刻還難。」

這名弟子即刻趕往提婆那兒。只見提婆正痛苦地掙扎著，提婆見了他，就哀求他說：「我的痛苦就好像被鐵輪輾碎了身子，被鐵杵痛搗身體，被黑象踐踏，把臉投向火山一樣，請快來救我！」

弟子答：「趕快皈依我佛吧！如此就可以得救。」

說完，所有的痛苦都化為烏有，提婆也痛悔前非，自心底深深悔改。

釋迦用寬廣的心胸原諒了提婆的過錯，包容了他的無禮，這就是寬恕！人們犯錯是一種平常，而用寬容的心對待別人的冒犯卻是一種超常。

佛陀常常告誡弟子們，「比丘常帶三分呆」，就是要弟子們大智若愚，凡事不要太計較，即使遭到了別人的無禮也要寬恕他們，因為寬恕別人，也是昇華自己。寬恕，是一種淨化。當我們手捧鮮花送給他人時，首先聞到花香的是我們自己；而當我們抓起泥巴想拋向他人時，首先弄髒的就是我們自己的手。

寬恕別人並不困難，但也不容易，關鍵是看我們的心靈是如何選擇的。

美國前總統林肯，少年時期曾在一家雜貨店打工。有一次，一位顧客的錢包被另一位顧客拿走了，丟了錢包的顧客認為錢是在店中丟的，所以雜貨店應當負責，便與林肯發生了爭執。而雜貨店的老闆卻為此開除了林肯，老闆說：「我必須開除你，因為你令顧客對我們店的服務很不滿意，因此我們將失去許多生意，我們應該學會寬恕顧客的錯誤，顧客就是我們的上帝。」

林肯一直都不接受這位顧客的無理和原諒老闆的不通情理，但是很多年以後，做了總統後的林肯卻意味深長地說，「我應該感謝雜貨店的老闆，是他讓我明白了寬恕是多麼的重要。」

寬恕別人，就是善待自己。仇恨只能永遠讓我們的心靈生存在黑暗之中；而寬恕，卻能讓我們的心靈獲得自由，獲得解脫。

其實，寬恕別人的過錯，得益最大的是我們自己。曾有這樣一個案例，荷蘭的一所著名大學的研究人員組織了一批志願者做了一項有關「寬恕」的實驗。

志願者們被要求想像他們被人傷害了感情，並反覆「回憶」被傷害時的情景。研究人員發現，此時的志願者在身體上和精神上的壓力同時加大，伴隨著血壓升高，他們心跳加快、出汗、面部表情扭曲。之後，研究人員又要求他們停止想自己被別人傷害的事情，雖然沒有剛才的生理反應大，但是某些生理症狀卻依舊存在。最後，志願者被要求想像已經原諒了自己的「假想敵」，這時，志願者感到身心放鬆並且非常的愉快。

這樣，研究人員得出結論：寬恕別人，不意味著為犯錯的人找借口，而是將目光集中在他們好的方面，進而把自己從痛苦中拯救出來。這正應了那句話：不要拿別人的錯誤來懲罰自己。

佛陀說：「對憤怒的人，以憤怒還牙，是一件不應該的事。對憤怒的人，不以憤怒還牙的人，將可得到兩個勝利：知道他人的憤怒，而以正念鎮靜自己的人，不但能勝於自己，也能勝於他人。」這就是寬恕的力量。

寬心的智慧

選擇對別人的寬恕就是選擇了愛護自己。

有容乃大

盤珪禪師是一代名師，教育出很多高超的僧才。一次，他收了一位由於家裡無法管教而希望借由佛法的熏陶使之改過向善的壞孩子當徒弟。沒想到這孩子到了寺廟，依舊我行我素，時常偷寺中的古董去典當花用。弟子們怕影響寺廟的聲譽，立刻向盤珪禪師報告。過了幾天，禪師卻沒有表示有處理之意，而那孩子依舊無惡不作。弟子們實在看不過去了，便再次向禪師要求馬上開除這個孩子，否則的話，他們將立即集體離開這個寺廟。這時，盤珪禪師閉著眼睛安詳地說：「如果你們一定要離開這裡，那麼我不為難你們，請離開吧！」弟子中有人大感意外地問：「您為什麼不開除那為非作歹的壞孩子，而要犧牲我們呢？」禪師睜開眼睛說：「你們在我這兒修行已有數年，稍有見地，就是離開這裡，也可以外出自立門戶；倘若這孩子被我們開除了，那他將無處安身。」

弟子們恍然大悟，瞭解了師父的用心，羞愧之餘，立即向師父道歉。

禪師以一顆寬容善良的心感動了弟子們，也教育了弟子們，向弟子們展示了一代禪師的胸懷。

常言道：金無足赤，人無完人。一個人的一生中不可能沒有失誤，也不可能不犯錯誤，能容人之錯，使之有改過之機，則可謂賢者。因為賢，所以會有許多人跟從他。世間萬物，有容乃大，一個人有容人之量，則可成就大業。

以本田宗一郎來說吧，他不僅是一位著名的企業家，而且是一位不斷完善自己和周圍人的德性的人。他透過實施一套獨特而又恰當的管理方法，激發了職員們不怕失敗，敢於向自我挑戰的勇氣。

一九五四年四月，宗一郎將自己親自製定的《我公司之人事方針》發表在公司的報紙上，公開表示要關心職工，並和他們交朋友，聆聽他們的意見，讓職工擁有充分的自由，有和幹部辯論的權利……

一九五九年，宗一郎開始了邁向世界的第一步，創辦了「美國本田技研工業公司」。川島被任命為公司的負責人，時年三十九歲，還有兩名年輕的助手分別為小林隆幸和山岸昭之。對川島一行的這次出征，本田公司的領導層內擔心者不在少數。但宗一郎對川島等深信不疑。然而，川島一行出師不利，在頭六個月的時間裡，收效甚微，僅僅售出二百台摩托車，且未收到貨款。

宗一郎得悉這一消息後，沒有對川島一行嚴厲斥責，而是提示他們瞭解美國摩托車市場的交易規律，還有美國居民的消費心理，改變營銷策略，繼續開展業務。到了一九六一年年底，本田公司在美國已擁有五百家銷售點，進軍美國市場已初見成效。

給年輕人提供施展才能的機會，不怕他首戰失利，也不怕暫時的利益虧損，重要的是激發他的潛能，運用他的聰明才智，為企業發展注入新鮮活力，是本田宗一郎一貫的用人思想。與那些只重眼前利益、唯恐虧損的經營者相比，宗一郎的做法充分展現了一個企業家的寬闊胸懷和容人之量。這就是本田公司能夠發展壯大的原因之一。

對於部下或同事的失誤，不能抓住不放、小題大做、四處宣揚，而要以誠感人，「愛語」糾錯。當他人遭受失敗時，如果不假思索地進行呵斥，只會激起失誤者的逆反心理，不利於事情的發展。聰明的做法是用柔和之詞去啟發勸導他修正錯誤。如此，失誤者才會心悅誠服地接受你的見解，並心存感激。

微軟副總裁傑夫•拜克斯也有一段與這位商場經理類似的經歷。一九八四年，微軟試算表軟件上市後被發現有重大瑕疵，當時還是產品經理的傑夫硬著頭皮去見比爾•蓋茲，建議將上市產品全數收回，並誠懇表示願意承擔一切責任。蓋茲告訴他：「今天你讓公司損失了二千五百萬美元，我只希望你明天表現得好一點。」

蓋茲認為，一旦犯了錯誤，切實檢討的實質意義要比追究處罰大得多，因為「如果輕易解雇了犯錯的人，也就等於否定了這個教訓的價值」。

同樣，諾基亞總裁奧利拉也有一句類似的名言，這就是「過失導致發展」。他一直把失敗看做接受教育，幾乎沒有因此而辭退過任何一個員工。他的理由是，如果員工總有失業的壓力，總是心存恐懼，就不會產生創新意識。而只有鼓勵創新的企業文化才是公司不斷進步的動力源泉。

人無完人，不能苛求完美。用人時要揚人之長，避人之短；對有過失的人，哪些能用，哪些不能用，要因人而異，不可一概而論，更不能求全責備，以短蓋長。

生活中，對人同樣如此。也只有這樣，才能讓許多有才能，有個性的人團結在你的周圍，助你成就你的事業。

寬心的智慧

一個人不做事就不會犯錯。犯了錯是因為他做了。容忍這種做事但犯了錯的人，你將得到他對你全心的付出。

懂得分享

有一位富人，家財萬貫，可是他對自己的妻子、兒女很吝嗇，從來都不願分一些財物，對別人就更是吝嗇。因此，村裡的人給他起了個綽號叫「鐵公雞」。更有意思的是他從來不願和任何人說自己的心事，無論悲喜，都是一個人默默地躲在角落裡。所以，慢慢地大家都疏遠了他，都不願和他多說一句話。可是，他的年齡越來越大了，他也逐漸感受到了一個人時的不快和孤獨。他試圖去改變這種局面，但發現別人卻離他更遠了。

在一個月光清幽的晚上，他走到河邊想一死了之，卻被一位遠道而來的禪師攔住，禪師問他為何想不開，是不是兒女不孝，自己又無依無靠，他說不是，禪師又問了他許多問題，但他一直都在搖頭。最後，他實在忍不住了，就把大家對他的態度說給禪師聽，禪師在傾聽過程中找到了原因。

於是，禪師開導他說：「你看，你現在把你的苦惱告訴了我，說明你讓我分享了你的苦惱。所以，你現在會比較舒服一點。」富人很高興地點了點頭。禪師又說：「假如你能把你的快樂、你的財富和你的親人分享一下，你同樣也會感到快樂。你先前的不快樂和被大家疏遠是因為你把一切都看得太嚴、太緊，不願讓別人與你分享。所以，你就把自己慢慢送到了一個又狹又窄的小世界裡，而且這個小世界由於你的原因會變得越來越小。你要改變這種局面就必須先從自己做起。」

富人恍然大悟，他高高興興地拜別了禪師，回到家裡之後，他一改往日的吝嗇和苛薄。慢慢地，大家終於接受了他，他的世界也變得寬闊起來。樂於分享，是一種心胸寬廣、無私的表現。因為這種寬廣和無私，你的世界才會變大。因為在你與人分享的同時也會得到別人的回饋。與不同的人分享，你會得到不同的利益。

在美國有一位農場主，由於他的勤奮與智慧，使得他所種的農作物每一年都能獲得當地農會競賽的最高榮譽「藍帶獎」，而得獎後他也一定將他所獲獎的最佳品種分送給他的鄰居們。

大家都覺得奇怪，難道他不怕別人獲得了他得獎的品種，因而在下一次的比賽中勝過他？對此，他微笑著答道：「我無法避免因風吹而使鄰居的花粉飄到我的田里。倘若我不將好的種子分給每個鄰人，那麼飄過來的花粉不好，也必然會使我的田地產出不好的品種，唯有在我周圍的品種都是好的，才能保證我的田里產出最好的品種。而我在得獎之後，不會就此鬆懈偷懶，坐享其成，仍然繼續努力研究改良，因此我能連續不斷地獲得最高榮譽，當別人趕上我去年的水準時，我早已又往前邁了一大步。所以我從來不擔心別人超越我，相反，若有人超越我，將帶給我精益求精的動力，讓我追求更大的進步空間。」

聽到他如此自信的解釋，令人不得不讚歎他是真正有大智慧的人，是實至名歸的冠軍。反觀我們周圍有許多人常常敝帚自珍，吝於與人分享，深恐別人知道了自己的成功方法，將會超越自己。如此不但傷害了彼此的人際關係，也造成孤僻小氣的形象，更重要的是喪失了自己再成長進步的環境與動力。

有一次約翰為了看馬戲和爸爸一起去排隊買票。排到最後，售票窗口只剩下了另外一家人和他們父子倆，另外一家人排在約翰父子倆的前面。

這一家人給約翰留下了深刻的印象：一對夫婦帶著六個孩子，最大的孩子不超過十二歲。他們看上去生活不是很富裕，身上穿著廉價的衣服，但洗得很乾淨。孩子們活潑可愛，他們兩個人一排手拉手依次站在父母後面，唧唧喳喳地談論著當天晚上將要看到的小丑和大象的表演及其他節目。約翰從他們那種興奮神情可以知道，他們以前從沒有在現場看過馬戲，可以肯定，這將是他們生活中的一個十分精采的夜晚。

售票員小姐問那一家子人中的父親要買幾張票，他驕傲地回答說：「我們需要六張小孩票和兩張大人票。」售票員小姐告訴了他價錢。孩子的母親拉了拉丈夫的手，望著他，他的嘴唇開始顫抖，丈夫往前靠了靠，問道：「您剛才說多少錢？」售票員小姐重複了一遍。他先是一愣，然後準備對孩子說他帶的錢不夠，看不成馬戲了。

約翰的爸爸看到這一幕，把手伸進衣袋，掏出一張二十美元的鈔票並把它扔到了地上，又彎腰拾起了那張鈔票，他拍著那位父親的肩膀說：「先生，您的錢掉了。」

那位父親立即就明白了。他接過這張鈔票，望著約翰爸爸，眼淚奪眶而出，激動地說：「謝謝！」其實，當時約翰他們家也不是很富裕，把錢給了那一家人後，他們就沒有錢看馬戲了。但是對約翰來說，他雖然沒有看成馬戲，但他覺得那一天是自己人生中最幸福的一天。

在這個故事裡，我們可以看到人性中善良寬厚的那一面，因為，有了給予和分享，使得所有人都得到了人世間最珍貴的情誼和溫暖。所以，不要對你周圍的人太過苛刻，以你博大的胸懷去包容別人，接納別人，並能無私地與人分享你將可以得到更多的益處。

寬心的智慧

與人分享，可以證明你的大度，則得益之人也必將無私地回報你的給予。

不要在小事上計較

一天，一個失意的年輕人走在崎嶇不平的山路上，發現腳邊有個袋子似的東西很礙腳，心情鬱悶的他狠踢了那東西一下，沒想到那東西不但沒被踢破，反而膨脹起來，並成倍地擴大著。年輕人惱羞成怒，拿起一根碗口粗的木棍砸它，那東西竟然脹到把路堵住了。

正在這時，佛祖從山中走出來，對年輕人說：「小伙子，別動它。它叫仇恨袋，你不犯它，它就小如當初；你侵犯它，它就膨脹起來，與你對抗到底。忘了它，離它遠去吧！」

生活中總是有一些人心胸不夠開闊，一點點小事就足以讓他們心煩意亂。當別人無意中惹到他們時，他們總是抱著「以牙還牙，以眼還眼」的決心，擺出一副寸土必爭的姿態去面對生活中一些雞毛蒜皮的小事。他們做人的原則就是半點虧不吃，但實際上往往是這種人容易吃大虧。

公車上總是會有那麼多人，從來就沒有空的時候，這日佳彥下班回家，在公司門前的那個站牌等公車。千等萬等，終於來了一班。

哇塞！公車裡好多的人，黑壓壓的。佳彥努力地向上擠，終於擠上了車。但擠車時一不小心，踩了旁邊的中年阿姨一腳。中年阿姨的大嗓門叫開了：「踩什麼踩，你瞎了眼了？」佳彥本來是想道歉的，但一聽這話面子上掛不住了，便回答「就踩妳了，怎麼樣？」

於是，兩個女人的好戲開演了。雙方互相謾罵，惡語相加。隨著火力的升級，兩人竟然動起了手，中年阿姨先打了佳彥一下，佳彥也立即以牙還牙，兩手都上去了，在中年阿姨臉上亂抓一通。還是邊上的好心人把兩人拉了開來。

佳彥的指甲長，抓破了中年阿姨的臉，而她卻沒怎麼受傷。想到這裡，佳彥不禁得意起來。

終於回到了家，一進家門佳彥便向老公倒起了苦水。不過她倒認為自己沒吃虧，反倒把那惡婦抓破了臉，所以，講到這裡一臉的燦爛，這時老公看了她一下，驚奇地問道，你右耳朵上的那個金耳環呢？佳彥一摸耳朵，耳環早已不見了……

我們經常以為「以牙還牙」就是讓自己不吃虧，事實上，這是一種小肚雞腸的表現。總以為別人佔自己一分便宜，自己就要想盡辦法占三分回來，否則自己就是吃了大虧，但是事實真的就像我們想像的那麼單純嗎？

戰國時，梁國與楚國相臨。兩國夙有敵意，在邊境上各設界亭(哨所)。兩邊的亭卒在各自的地界裡都種了西瓜。梁國的亭卒勤勞，鋤草澆水，瓜秧長勢很好；楚國的亭卒懶惰，不鋤不澆，瓜秧又瘦又弱。

人比人，氣死人。楚亭的人覺得失了面子，在一天晚上，乘月黑風高，偷跑過去把梁亭的瓜秧全都扯斷。梁亭的人第二天發現後，非常氣憤，報告給縣令宋就，說要以牙還牙，也過去把他們的瓜秧扯斷！

宋就說：「他們這種行為當然不對。別人不對，我們再跟著學就更不對，那樣未免太狹隘、太小氣了。你們照我的吩咐去做，從今天開始，每晚去給他們的瓜秧澆水，讓他們的瓜秧也長得好。而且，這樣做一定不要讓他們知道。」

梁亭的人聽後覺得有理，就照辦了。

楚亭的人發現自己的瓜秧長勢一天比一天好起來，仔細觀察，發現每天早上地都被人澆過，而且是梁亭的人在夜裡悄悄為他們澆的。

楚國的縣令聽到亭卒的報告後，感到十分慚愧又十分敬佩，於是上報楚王。楚王深感梁國人修睦邊鄰的誠心，特備重禮送梁王以示歉意。結果這一對敵國成了友好鄰邦。

「以眼還眼，以牙還牙」，看起來矛盾的雙方是勢均力敵，誰都不吃虧，但當你真的以這種原則去辦事時，你會發現你可能解了一時之氣，但不能得到大多數人的認可和好評。所以，你的行為事實上在告訴別人你是一個肚量狹小的人，那麼還有誰敢靠近你？反之，以德報怨，不僅可以使那些對你不敬的人心生慚愧，同時還可以告訴別人你的胸懷和氣度是別人無法企及的，那麼你的周圍會在不知不覺中吸引許多有德之人。這才是吃小虧，賺大便宜的上上之策。不要做那種斤斤計較的傻事。對你沒有任何好處。

寬心的智慧

在小事上計較就等於在大事上糊塗，所以，計較的結果還是自己吃虧。

嚴於律己，寬以待人

誰都想自己在為人處世方面能夠做得比較周全，有一個相對輕鬆和諧的環境，與別人友好地相處，那麼寬以待人是不可缺的。我國古來就有「君子寬以待人，嚴於責己」的處世方法。所謂寬以待人，就是指對他人的要求不可過分，不強求於人，而是以寬容為懷，能讓人時且讓人，能容人處且容人。

太陽還未升起前，廟前山門外凝滿露珠的春草裡，跪著一個人：「師傅，請原諒我。」他是城中最風流的浪子，十年前，卻是廟裡的小和尚，極得方丈寵愛。方丈將其畢生所學全數傳授，希望他能成為出色的佛門弟子。但他卻在一夜間動了凡心，偷下山門，五光十色的都市迷亂了他的雙眼。從此花街柳巷，他只管放浪形骸。

夜夜都是春，卻夜夜不是春。十年後的一個深夜，他陡然驚醒，窗外月色如水，澄明清澈地灑在他的掌心。他忽然深深懺悔，披衣而起，快馬加鞭趕往寺裡。

「師傅，你肯饒恕我，再收我做弟子嗎？」

方丈痛恨他的辜負，也深深厭惡他的放蕩，只是搖頭：「不，你罪孽深重，必墮阿鼻地獄。要想佛祖饒恕，除非……」方丈信手一指供桌，「連桌子也會開花。」

浪子失望地離開。第二天早上，當方丈踏進佛堂的時候，嚇呆了：一夜之間，供桌上開滿鮮艷的花朵，紅的、白的，每一朵都芳香逼人。

方丈在瞬間大徹大悟。他連忙下山尋找浪子，卻已經來不及了，心灰意冷的浪子又恢復了他原來的荒唐生活。而供桌上開出的那些花朵，也只開放了短短的一天。

生活中，沒有人能做到萬無一失，中國有句古話叫做「浪子回頭金不換」。既然別人給了你一個顯示大度能容的機會，你就要去伸手接納他。佛陀不會嫌棄一個犯了錯而知悔改的人。假如我們總是拿著別人的缺點去評三論四，而不從自己身上找缺點，那麼，我們便不是一個理智、聰明的人。因為，聰明人往往是那種嚴於律己、寬以待人的人。

寬以待人是一個道德水平較高的表現。古諺說：「有容，德乃大。」你希望別人善待自己，就要善待別人，要將心比心，多給人一些關懷、尊重和理解；對別人的缺點要善意指出，不能幸災樂禍；對別人的危難應盡力相助，不應袖手旁觀，落井下石。即使是自己人生得意馬蹄疾時，也不能得意忘形，居功自傲，而是應多想想別人對自己的幫助和恩惠，讓三分功給別人。人總是喜歡和寬容厚道的人交朋友的，正所謂「寬則得眾」。

寬以待人還要求我們「己欲立而立人，己欲達而達人」。自己要站得住，同時也使別人站得住，自己要事事行得通，同時也使別人事事行得通。《論語・顏淵》又說：「君子成人之美，不成人之惡，小人反是。」在一定意義上，成人之美也是成己之美，即使對有錯誤的人也不要嫌棄，應給人提供改過的寬鬆條件，原諒別人的過失，幫助別人改正錯誤。

正所謂與人方便，自己方便。當然，我們講寬以待人，也不是說一味地姑息，否則就會失去寬厚的本意，正所謂「過寬殺人」。沒有度的寬只是麻木怯懦，明哲保身，更是縱容醜惡。

「有一種人，以姑息匪人市寬厚名，有一種人，以至舉細數市精明名，皆偏也。聖人之寬厚，使人有所恃。聖人之精明，不使人無所容。」也就是說，用無原則寬容惡人去換取自己的寬厚名聲，或列舉別人瑣碎小事換取自己精明的名聲，都是有失偏頗。聖人的寬容程度是不使小人有所依靠，也不使小人容身。這也是我們所應把握的度。

對惡人無原則的寬容無異於助紂為虐，是對善良人們的殘忍，孔夫子說：「唯仁者能好人，能惡人。」朱熹也講：「血氣之怒不可有，義理之怒不可無。」我們在懂得寬以待人的同時，也應懂得嫉惡如仇，捍衛正義。只有做到當寬則寬，當嚴則嚴。抑惡揚善，才是真正的寬以待人。

寬以待人，正是以寬廣的胸懷，寬容的氣度。創造寬鬆的人際環境，大度豁達難容之事，使別人敬重和傾慕你的人品，並使你具有很大的人格魅力，特別是在競爭激烈的今天，寬以待人會使人人都喜歡與你交往，所以，寬以待人是入世的一個重要原則。

寬心的智慧

聰明人求自己，糊塗人求別人。

要以博大的心胸去寬容一切

寬容是一種修養，是一種境界，是一種美德。寬容是原諒異己之言、饒恕異己之事、包涵異己之人。

要想真正做到寬容，當需要有夠大的心胸。世間最大的應該是彌勒佛的肚子，在南京多寶寺內的彌勒佛是這樣的：

大肚能容，容天容地，於己何所不容；
開口便笑，笑古笑今，凡事付之一笑。

這是何等的心胸啊！從中我們不難看到，寬容和笑、愉快在彌勒佛的境界裡是連在一起的。有了寬容的胸懷，才有容天容地、容江海的崇高和博大，才有來自心底的真摯笑容。

四川樂山凌雲寺內的彌勒佛是這樣的：

「笑古笑今，笑東笑西，笑南笑北，笑來笑去，笑自己原無知無識；觀事觀物，觀天觀地，觀日觀月，觀來觀去，觀他人總有高有低。」

大千世界，日月輪迴，時事境遷，人心思變，所以，於己要多責，責自己無知無識；對他人，要多欣賞，賞他人有高有低。人生有了這種寬容的氣度，才能安然走過四季，才能閒庭信步，笑看花落花開。

寬容，首先要能容人言。人言有褒貶諍讒之分。褒獎之語，應多責自己的不足之處、不明之事，才不至於在褒舉中跌落下來；貶抑之語，無論多麼殘酷、無稽，也要坦然處之。語言是人與人交往的首要工具，寬容之人要善聽、善辨、善納、善棄。兼聽則明，偏聽則暗，不可偏薄。

寬容，還要能容人事。事有輕重緩急、大小榮辱之別，能否冷靜處事，寵辱不驚，是判斷一個人是否具有博大胸懷的關鍵。當今是競爭的世界，世事變幻莫測，人需要在容人事中找出自己的「知」與「識」，方能揚長避短，享受更加美好的人生之旅。寬容之於事，要善於分析，設身處地理解，並能兼收並蓄，才能達到愉悅快樂之境。

寬容，最重要的是容人，它是容言、容事的根本。人，也有高低之分，學人之長，是寬容修養的基礎，所以，做起來也比較容易。但是，容人之短，尤其是容持不同觀點的人的缺點，則需要較大的膽識和胸襟。要用真誠的心來觀察他人的長處，容納他人的不足，善於發現、培養、發揮他人的長處，求同存異，共同發展，互惠互利，才能成就更大的事業，擁有更多的成功。

寬心的智慧

寬容處世，於己不會失去什麼，反而可以在收穫快樂、收穫成功的同時，給人間增添多一些的和諧與溫情。

肯於向少數「劣根」人傾注愛心

古人說：「待小人不難於嚴，而難於不惡。」意思是說：對待品德不端的小人，對他們抱嚴厲的態度並不困難，困難的是在內心不憎恨他們。

小人總是有很多過失被人發現，因此一般人誰都會嚴詞訓勉他們，這做起來並不困難。困難的是在於對事不對人，也就是指就他們所作的錯事來訓誡他們，不要因為討厭他們的人而訓誡他們，把他們看死。人都是可以轉化的，我們因為小人做事不好或品德上的不足而憎恨他們；不去教育，那麼，小人依然會是小人。

憎恨小人敬重君子，乃是人情之常。但不能因此而過度，因此而忘記人在人格上都是平等的。

盤圭永琢禪師，是日本臨濟宗僧人。他修禪開悟之後，傳教足跡遍及日本關東與關西，受到了廣大民眾的敬仰，被敕封為「大法正眼國師」。

每一年，盤圭永琢禪師住持禪修期間，全日本各地的禪僧都會慕名前來掛單參學。那一年，盤圭禪師的禪修會上，出現了從未有過的咄咄怪事：禪僧們東西屢屢被偷。

佛教將偷盜列為根本大戒之一，所以，在寺院裡幾乎沒有丟失東西的現象發生。後來，一名外地來的學僧在行竊時，被值日的僧人當場抓獲。禪僧們對這個犯戒的害群之馬恨之入骨，紛紛要求將他驅逐出寺。盤圭禪師說：「人非賢聖，孰能無過？」於是，當眾公開批評了他之後，繼續讓他參加禪修。不久，這個慣偷惡習復發，又被抓住了。然而，盤圭又一次將事情壓了下來，沒有按照僧人戒律，將這個屢教不改的學僧趕出寺院。

大和尚的「姑息養奸」，終於引發了所有禪僧的不滿。是啊，清靜的道場，怎容盜賊混跡？神聖戒律，豈能一再觸犯？持戒的僧眾，安可與盜賊為伍？

因此，禪僧們雖然都是盤圭永琢的弟子，卻也不容忍他的一意孤行。他們在半月誦戒時聯合起來，向盤圭禪師提出，要麼執行寺規，將屢次違犯戒律的小偷驅逐出寺；要麼他們集體離開！

要知道，禪僧集體離開，對於一座寺院，對於一位方丈，是天大的恥辱！他將被所有禪客所不齒，無法在禪界立足！

盤圭禪師不急不躁，不慌不忙，他鎮定自若地將那個愛小偷小摸的學僧叫到身邊，撫摸著他的頭頂，懇切地對大家說：「與這位小兄弟相比，你們都是富有智慧的師兄。你們之所以能嚴守戒律，是因為你們明白怎樣是對的，怎樣是錯的。因此，就算你們離開我這裡，任何寺院都會歡迎你們，你們在任何地方都能學佛參禪。而這位有惡習的小兄弟，連是非都不能分辨，如果我不教他，誰肯教他呢？」

眾僧無語。

盤圭禪師停頓了片刻，毅然決然地說道：「即使你們全部離開，即使我從此顏面掃地，我也要將他留在這裡，教導他成為一個慧心明目的禪者！」

那位偷竊成癖的學僧失聲痛哭，撲通一下跪倒在大家面前，磕頭如搗蒜。盤圭禪師那特有的慈悲與智慧，照徹了他靈魂的黑暗，從此，他洗心革面，痛改前非，徹底根除了惡習。那些禪僧們也被師父精神感動得淚流滿面，由此，他們更加深刻地體會到了禪者胸懷的廣博。

寬心的智慧

在品德高尚寬容豁達的人的心靈中，沒有功利，只有責任。其實，祥和社會，關鍵就在於向少數劣根人傾注愛心。只有這個少數得到質的改造，社會才能產生質的飛躍。一只木桶的裝水多少，是由最短的一塊木板決定的。因此，我們要想方設法改造它，才能提高桶的容量。

以德報怨才是真正的寬容

在生活中，假如你能本著「以德報德，以恩報怨」的態度，自然會使你的人際關係化戾氣為祥和。明白這些道理，就要先修心。人的道德修養主要表現在待人上，是恩怨於心，還是「人我兩忘，恩怨皆空」，決定於人的修養。

時近傍晚，有一位和尚在返寺途中，突然雷聲隆隆，天下起了大雨，所幸不遠處有一座莊園，他只好去求住一宿，避避風雨。

莊園很大，守門的僕人見是個和尚求宿，便走進內室請示主人。主人不肯答應，和尚只好請求在屋簷下暫歇一晚，僕人依舊搖頭拒絕。

和尚無奈，便向僕人問明了莊園主人名號，然後冒著大雨，全身濕透，回了寺廟。

三年後，莊園老爺納了個小妾，寵愛有加。小妾想到廟裡上香祈福，老爺便陪著一起出門。到了廟裡，老爺忽然瞥見自己的名字被寫在一塊顯眼的長生祿位牌上，心中納悶，找到一個正在打掃的小和尚，向他打聽這是怎麼回事。

小和尚笑了笑說：「這是我們住持三年前設的。有一天，他淋著大雨回來，說有位施主和他沒善緣，所以為他寫了一塊長生祿位。住持天天誦經，傳些功德給他，希望能和那位施主解結，添些善緣……」

莊園老爺聽了這番話，當下瞭然，心中既慚愧又不安……後來，他便成了這座寺廟虔誠供養的功德主，香火終年不絕。

別人怎樣對待自己，自己就怎樣對待別人，是平常人最傾向於採取的處世之道；而不計前嫌，希望別人怎樣對待自己，自己就怎樣對待別人的人，才是真正的智者。

我們身處的這個世界越來越複雜，越來越擁擠，因此，生活給我們帶來的煩惱和人與人之間的摩擦與碰撞幾乎每天都在所難免。癡迷的人陷在矛盾裡面不能自拔，其苦不可言狀。許多刑事犯罪和心身疾病，皆因思想偏執所致。

俗話說：「家家都有一本難念的經」。夫妻之間、婆媳之間、妯娌之間，往往因一點雞毛蒜皮的事就爭吵不休，甚至大動干戈。遇到這類糾紛，清官也會感到棘手難斷。而家庭又是社會的細胞，家務事處理不好，也是社會不安定的隱患。

寬心的智慧

有道是：「大肚能容天下難容之事」，何況是與自己朝夕相處、風雨同舟的親人呢？將這個道理再擴展一點，對我們的同事、同鄉、同一個地球村的人類，不都應該如此寬容大度嗎？

嚴格要求自己，寬鬆地對待他人

古人說：「君子寬以待人，嚴於律己。」歷史上，凡成大事者，都有著寬闊的胸懷，嚴格要求自己，寬鬆地對待他人。進而減少了很多不必要的矛盾，為自己事業順利的發展鋪平了道路。

三國時期的蜀國，在諸葛亮去世後任用蔣琬主持朝政。他的屬下有個叫楊戲的，性格孤僻，訥於言語。蔣琬與他說話，他也是只應不答。有人看不慣，在蔣琬面前嘀咕說：「楊戲這人對您如此怠慢，太不像話了！」蔣琬坦然一笑，說：「人嘛，都有各自的脾氣秉性。讓楊戲當面說讚揚我的話，那可不是他的本性；讓他當著眾人的面說我的不是，他會覺得我下不來台。所以，他只好不做聲了。其實，這正是他為人的可貴之處。」

後來，有人讚蔣琬「宰相肚裡能撐船」。

我們經常說要換位思考，可是我們誰能真正的換位呢？我們每一個人都有不足，就像每一個機體都會生病一樣，我們自身的「頑症」能不能自治而愈？所以，我們一定要「嚴以律己，寬以待人」，把我們心靈深處的狹隘消滅在萌芽中，多看看別人的優長之處，寬厚對人，這樣我們的心態就平和多了，煩惱就少了，我們自己也會獲得進步。

從前，有四個和尚，參加了禪宗的「不說話修練」。在修練的過程中，必須點燈；而四個人中，有三個和尚道行較高，其中一個較淺，自然點燈的工作落在道行較淺的和尚身上。

「不說話」的修練開始之後，四個人圍著那盞燈盤腿而坐，進行修練。

經過了好久，四個人都靜靜地不做聲，因為這是不說話修練。後來，油燈中的煤油愈燃愈少，眼看就要沒有油了！快要熄掉，管燈和尚非常著急。這時，突然來了一陣風，燈火左搖右晃，幾乎要熄滅了。管燈的和尚忍不住大叫：「糟糕！火快熄了！」

本來其他三個閉目打坐的和尚，始終沒有說話，聽到管燈和尚的喊叫聲，道行在他上面的第二個和尚立刻罵他說：「你叫什麼？我們在做不說話的修練，怎能開口說話？」

第三個和尚聽了之後非常生氣，罵第二個和尚說：「你不也說話了嗎？實在不像話。」

第四個道行最高的和尚，始終默不出聲地安然靜坐。可是過了一會兒，他睜開了眼睛，很自豪地對其他三個和尚說：「只有我沒有說話！」

這四個參加不說話修練的和尚，為了一盞燈，先後都開口說話了，最好笑的是有三個得道的和尚在指責別人「說話」的時候，不知不覺中，自己也犯下了「說話」的錯誤。

寬心的智慧

在我們和別人相處的過程中，每個人都很容易看到別人的缺點和過失；如果我們反過來，儘量「嚴以律己，寬以待人」，生活就會和諧很多。

3

懷一顆平常心對待得失利害

佛陀說：「應無所住。」就是要我們去掉執著心，不要執著於某個目標，不要為求一點，而失掉一面。因為你只有一個，而目標卻可以是很多個。

捨與得

捨，在佛家看來，就是對一切事物不起一點兒憎愛執著，並且能夠不斷地付出，不斷地給予。

很久以前，有一座大香山，山裡長著無數的華撥樹、胡椒樹以及其他各種藥草。華撥樹上常常棲息著一種鳥，名叫「我所鳥」。

每年春天藥果成熟時，許多人便來到這裡採摘藥果，用這些藥果治病，這時我所鳥總是悲傷地叫喚著：「這果是我所有啊！你們不要採摘！我心裡真不願意誰來採摘啊！」

牠雖然這樣叫喊，人們還是照舊採摘，一點也不理會牠的哭嚎。這鳥命薄，憂傷地叫呀叫的，聲聲不絕，最後終因為過於哀傷而死。

故佛有一偈曰：人執我所有，慳貪不能捨；縱以是生護，亦為無常奪。

「我所有」就是我所有的房屋、眷屬、家產，這些身外之物可以利用它來維持我們的生命；而修行人所需要的僅是菜飯飽、布衣暖足矣，如貪求無厭，吝惜不捨，一旦失落，難免會像我所鳥那樣哀叫而死。

有一天，佛主見路邊地下埋有黃金，就對弟子說「下有毒蛇」。佛主走後，有個人不信，去挖土，挖出很多黃金來，一時暴富，被人告發。國王責怪他沒有繳公，就判了他的罪，所以佛主說黃金就是毒蛇。

佛主還說人所有財物為五家所有，哪五家呢？為水所漂，為火所燒，為賊所盜，為子所敗，為官府所抄。其實婆娑世界裡的一切，都不是用來擁有的，而是用來捨的，一個人捨下一切則是真正的壯大，無牽無掛；一個人擁有一切便是沉淪苦痛的深淵。學會捨棄，免於物慾的奔逐、事物的執迷，才能獲得人生的自在與豁達。

在巴勒斯坦有兩個湖，這兩個湖給人的感覺是完全不一樣的。其中一個湖名叫加里勒亞湖，水質清澈潔淨，可供人們飲用，湖裡面各種生物和平相處，魚兒游來游去，清晰可見，四周是綠色的田野與園圃，人們都喜歡在湖邊築屋而居。

另一個湖叫死海，水質的鹽度位於世界之最，湖裡沒有魚兒的游動，湖邊也是寸草不生，了無生氣，景像一片荒涼，沒有人願意住在附近，因為它周圍的空氣都讓人感到窒息。

有趣的是，這兩個湖的水源，是來自同一條河的河水。所不同的是：一個湖既接受也付出，而另一個湖在接受之後，只保留，不懂得捨卻原來的水。讓河流動，方得一池清水，這是流水不腐的道理。捨而後得，這是人生的道理。

「捨得」一詞，是佛家語，是禪境語。本意是講萬丈紅塵撲朔迷離，人生在世總會有獲得有捨卻。捨與得互為因果，往與復本來是自如的，如果領略其中奧意，自然可以打破分別之心。佛無分別心；無分別心，即無煩惱罣礙，心境圓融通達，萬象歸於一乘，人生有限之生命就會融入無限的大智慧中。

捨與得的問題，多少有點哲學的意味。捨得，捨得，先有捨才有得，不捨不得，小捨小得，大捨大得，捨即是得。捨是得的基礎，將欲取之，必先予之，因而人生最大的問題不是獲得，而是捨棄，無捨盡得謂之貪。貪者，萬惡之首也。領悟了捨得之道，對於做人做事都有莫大的益處。做人，應該拋棄貪婪、虛偽、浮華、自私，力求真誠、善良、平和、大氣。做事，應該有所為有所不為。

生活本來就是捨與得的世界，我們在選擇中走向成熟。做學問要有取捨，做生意要有取捨，愛情要有取捨，婚姻也要有取捨，實現人生價值更要有取捨……正如孟子所說：「魚，我所欲也；熊掌，亦我所欲也。二者不可兼得，捨魚而取熊掌者也。」人生即是如此，有所捨而有所得，在捨與得之間蘊藏著不同的機會，就看你如何抉擇。倘若因一時貪婪而不肯放手，結果只會被迫全部捨去，這無異於作繭自縛，而且錯過的將是人生最美好的時光，即使最後能獲得什麼，那也是一種得不償失！何苦來哉？

寬心的智慧

捨與得之間的抉擇是一種生活的藝術，亦是一種人生哲學。是否捨得就看你的慧量是多少了。

生活的兩面

俗話說「萬事有得必有失」，得與失就像小舟的兩支槳，馬車的兩個，得失只在一瞬間。失去春天的蔥綠，卻能夠得到豐碩的金秋；失去青春歲月，卻能使我們走進成熟的人生……失去，本是一種痛苦，但也是一種幸福，因為失去的同時也在獲得。

所以得到與失去、追求與放棄，是現實生活中再平常不過的事情了，我們應該以一種平常、豁達的心態去看待。

一位大財主名叫提婆，為人刻薄、愛財如命，不但多方聚斂，就是一件極小的公益都不肯去做。

家中雖藏有八萬餘兩黃金，日常生活卻過得和窮人一樣，人們對他非常的討厭。他一死，沒有子孫來繼承，依照法律，財產全歸國有，這下子人心大快，也不免議論紛紛。

波斯王深感疑惑，就去請教佛陀：「佛陀！像提婆這樣慳吝的人，為什麼今生會這麼富有呢？」

佛陀微笑道：「大王！這是業報，是有前因的。提婆在過去世中曾供養過一位辟支佛，種了不少善根，所以得到了多生多世的福報，今生的富貴是他最後一次的餘福了。」

波斯王又追問道：「他今生雖未行善事，但也未造惡業，在他生死相續的來生，能不能也像今生一樣的大富呢？」

佛陀搖搖頭說：「不可能了！他的餘福已經享盡，而今生又沒有布施種福，來生絕對不可能再享受福報了。」

《因果經》有一首偈這樣說道：「富貴貧窮各有由，夙緣分是莫強求。未曾下得春時種，坐守荒田望有秋。」其實，人世間的事，無論好壞、善惡、得失、有無，都有其因果關係，沒有任何一件事可以脫離因果法則的。

同樣是人，為什麼有人貧富，有人貴賤呢？這是因為有的人好吃懶做，慳吝不捨，整日游手好閒，不事生產，自然坐吃山空；有的人辛勤勞作，樂善好施，懂得廣結善緣，自然生財有道。

在佛門裡稱布施為「種福田」，只要有播種，必然會有結果，但是何時才能收成，就有待因緣成熟了。慳貪之人應該知道喜捨結緣乃是發財順利之因，不播種，怎有收成？而且布施應在不自苦、不自惱的情形下為之，否則就是不淨之施，不是真心惠人！總之，能捨才能得啊！

有捨有得，捨與得是生活的兩面。得到了這一面，就必然會捨去另一面。正如福禍相依一樣。世界上有許多人因為各種原因失去了他們本該擁有的，也得到了別人無法得到的。

一八八〇年，海倫·凱勒出生於美國亞拉巴馬州的一個小鎮，她從小聰明過人，但在十九個月的時候，一場暴病殘酷地奪去了她視、聽、說的全部能力。後來她在家庭教師莎莉文小姐的幫助下，靠著日復一日、年復一年的奮力學習，不但學會了讀書、寫作、說話，而且上了大學，並最終克服常人無法想像的困難，成為一名舉世矚目的大作家，著有《我生活的故事》等共十四部作品，許多國家授予了她榮譽學位和勳章。

她的著作不僅被譯成了布萊葉盲文，而且還譯成了其他各種語言在全世界出版發行，她的事跡不但鼓舞了全球的殘疾人，而且也鼓舞著無數健全的人。

透過她那傳奇的人生經歷，人們對她身上那堅強的品格欽佩不已，這個雙目失明的聾啞人，戰勝三重殘疾而創造了人生輝煌的傳奇般經歷，激勵著一代又一代的人去為美好的明天而努力，去尋找自己在困境中更輝煌的生存方式。

海倫是不幸的。但因為這種不幸，使得她更渴望得到一種承認。所以，可以說苦難給了她不幸，同時也教給了她微笑面對生活讓自己創造奇蹟的勇氣。相對於海倫而言，我們多數人是幸運的，而我們沒有做出太大的成就是因為我們大多數人都存在著心理惰性。當然，也不是說因為有了類似海倫的經歷就是好的。而是說這個世界其實一直都在遵守著能量守恆定律。生活讓你失去了一部分，就必然會在另一部分中給你補償。

有一個十歲的小男孩在一次車禍中失去了左臂，但是他很想學柔道。最終，小男孩拜一位日本柔道大師為師，開始學習柔道。他學得不錯，可是練了三個月，師傅只教了他一招，小男孩有點弄不懂了。

一天，他終於忍不住問師傅：「我是不是應該再學些其他招法？」

師傅回答說：「不，你只需要會這一招就夠了。」小男孩並不是很明白，但他很相信師傅，於是就繼續照著練了下去。

幾個月後，師傅第一次帶小男孩去參加比賽。

小男孩自己都沒有想到居然輕輕鬆鬆地贏了前兩輪。第三輪稍稍有點艱難，但對手還是很快就變得有些急躁，連連進攻，小男孩敏捷地施展出自己的那一招，又贏了。

就這樣，小男孩迷迷糊糊地進入了決賽。

決賽的對手比小男孩高大、強壯許多，也似乎更有經驗。關鍵時刻，小男孩顯得有點招架不住了。裁判擔心小男孩會受傷，就叫了暫停，還打算就此終止比賽，然而師傅不答應，堅持說：「繼續下去！」

比賽重新開始後，對手放鬆了戒備，小男孩立刻使出他的那招，制服了對手，最終獲得了冠軍。

在回家的路上，小男孩和師傅一起回顧每場比賽的每一個細節，小男孩鼓起勇氣道出了心裡的疑問：「師傅，我怎麼能僅憑一招就贏得了冠軍？」

師傅答道：「有兩個原因：第一，你幾乎完全掌握了柔道中最難的一招；

第二，據我所知，對付這一招唯一的辦法是對手抓住你的左臂。」

生活就是這樣有時缺陷可以變成優勢。所以，當你擁有缺陷時，不要為此憂傷，因為生活本來就有它的兩面性。誰都無法逃離這個規則。

寬心的智慧

生活總在遵循能量定恆定律，陰雨過後必定會有陽光明媚的日子。

忍小捨謀大得

一位老禪師在院子裡種了一棵菊花，第三年的秋天，院子成了菊花園，香味一直傳到了山下的村子裡面。凡是來寺院的人們都忍不住讚歎道：「好美的花兒呀！」

一天，村子裡有個人開口向老禪師要幾棵花種在自家的院子裡，老禪師答應了。他親自動手挑揀開得最艷、枝葉最粗的幾棵，挖出了根鬚送到了那個人的家裡。消息很快傳開了，前來要花的人接連不斷。在老禪師的眼裡，這些人一個比一個知心，一個比一個親近，所以都要給。不多時日，院子裡的菊花就被送得一乾二淨了。

沒有了菊花，院子裡就如同沒有了陽光一樣寂寞。

秋天的最後一個黃昏，有個弟子看到滿院的淒涼，就忍不住地歎息道：「真可惜！這裡本來應該是滿院花朵與香味的。」

老禪師笑著對弟子說：「你想想，這豈不是更好嗎？三年之後將一村菊香。」

「一村菊香！」弟子不由地心頭一熱，看著師父，只見他臉上的笑容比開得最美的花還要燦爛。

老禪師告訴弟子說：「我們應該把美好的事與別人一起共享，讓每一個人都感受到這種幸福，即使自己一無所有了，心裡也是幸福的！這時候我們才真正擁有了幸福。」

不捨一株菊花，哪得一村菊香？

沒有小捨，怎麼可以得到更多？生活是一種付出——收穫——付出的來回循環過程，而在整個循環過程中，付出是前提，收穫是結果。假如你不捨小，那麼就不可能有大得。比如說有隻狐狸被獵人的捕獸夾套住了一隻爪子，牠毫不遲疑地咬斷了那隻小腿，然後逃命。放棄一隻腿而保全一條生命，這是一種智慧。

生活中，常有不好的境遇會不期而至，使得我們猝不及防，這時，我們應該保持清醒的頭腦，以微小的代價去換取最大的收益。

在滑鐵盧大戰中，大雨造成的泥濘道路使炮兵移動不便，可是拿破侖不甘心放棄最拿手的炮兵，而如果拖延時間，對方增援部隊有可能先於自己的援軍趕到，那樣後果會不堪設想。然而在躊躇之間，幾個小時過去了，對方援軍趕到。結果，戰場形勢迅速扭轉，拿破侖遭到了慘痛的失敗。

拿破侖的失敗足以證明：要取得戰爭的勝利，必須在最重要的主戰場上集中優勢兵力，全力以赴去爭取勝利，而在不重要的戰場上要肯於做出讓步和犧牲，應該能夠坦然接受次要戰場上的損失和恥辱。

同樣的道理，在人生的戰場上我們也應當學會放棄，敢於放棄，不要為眼前的一點利益斤斤計較，而應該傾注自己的時間和精力於主戰場上，不必計較次要戰場的得失與榮辱，不要怕在選擇時會犯錯誤，因為錯誤常常是正確的先導。

在日常生活中，當我們與人發生矛盾或衝突時，只要不是什麼原則問題，我們完全可以放棄爭強好勝的心理，甚至甘拜下風，這樣就可能化干戈為玉帛，避免兩敗俱傷；當我們在家庭生活中發生摩擦時，放棄爭執，保持緘默，就可以喚起對方的惻隱之心，使家庭保持和睦溫馨。

一九六五年九月七日，世界檯球冠軍爭奪賽在紐約舉行。路易斯•福克斯十分得意，因為他遠遠領先於對手，只要再得幾分便可登上冠軍寶座。這時，突然發生了一件令他意料不到的小事——一隻蒼蠅落在了主球上。路易斯開始時沒在意，一揮手趕走了蒼蠅，俯下身準備擊球，可當他的目光落在主球上時，那隻可惡的蒼蠅又落到了主球上。

在觀眾的笑聲中，路易斯又去趕蒼蠅，這時他的情緒明顯受到了影響，而那隻蒼蠅卻好像要故意跟他作對似的，他一回到台盤，牠也跟著飛回來，惹得在場觀眾哄堂大笑。路易斯的情緒惡劣到了極點，終於失去冷靜和理智，憤怒地用球桿去擊打蒼蠅，一不小心球桿碰到主球，被裁判判為擊球，進而失去了一輪機會。本以為敗局已定的對手約翰・迪瑞見狀，士氣大增，最終趕上並超過路易斯，奪得了冠軍。

第二天早上，路易斯的屍體在河裡被發現：他投水自殺了。

這個塵世對於我們而言是一個未知數。一個人付出了，捨棄了之後，究竟能獲得多大的收益，沒有人可以說得清楚。但假如你一點都不願捨棄，那就一定一點都得不到，小捨小得，大捨大得。

人生的智慧在於以捨小而求大得。懂得用一條腿求得整個生命的延續。

寬心的智慧

捨卒保車可以獲得全盤皆贏的效果。所以，我們總該聰明一點，不要因為一塊馬蹄鐵而輸掉整場戰爭。

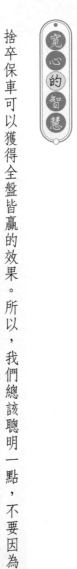

不要太固執

命運有時喜歡和我們開玩笑，當我們固執地下注，認為自己一定能贏時，結果卻可能是一無所獲。所以，就當我們來這世間只是一次旅行吧！把心放寬一點，不要太固執，否則你只會讓自己走上絕路。

佛印曾坐在船上與蘇東坡把酒話禪，突然聞聽：「有人落水了！」

佛印馬上跳入水中，把人救上岸來。被救的原來是一位少婦。

佛印問：「妳年紀輕輕，為什麼尋短見呢？」

「我剛結婚三年，丈夫就遺棄了我，孩子也死了。你說我活著還有什麼意思？」

佛印又問：「三年前妳是怎麼過的？」

少婦的眼睛一亮：「那時我無憂無慮、自由自在。」

「那時妳有丈夫和孩子嗎？」

「當然沒有。」

「那妳不過是被命運送回到了三年前。現在妳又可以無憂無慮，自由自在了。」

少婦揉揉眼睛，恍如一夢。她想了想便走了。以後再也沒有尋過短見。

很顯然，那位婦女要尋短見是因為她固執地認為丈夫與孩子是她生命的全部，是她固執於這些，所以才在失去時選擇自殺。但三年前，她沒有這些時，她不是一樣活得很快樂嗎？所以，許多人，許多物其實都是可有可無的。該放棄時就不要固執地緊抓不放。

雖說我們一直以來就提倡做任何事情都必須有堅毅的品格和堅強的意志，應該具有鍥而不捨的精神，但是，當我們在具體實施時，還是應當進出有度，不拘一格，這樣才會適合時宜，才符合社會和自然千變萬化的意志，也只有如此才能夠做到大得小失，失而復得。

佛家云：「苦海無邊，回頭是岸。」在很多時候，放棄是一種解脫，放棄是一種量力而行，明知得不到的東西，何必苦苦相求，明知做不到的事，何必硬撐著去做呢？拿著雞蛋去碰石頭，不是自取滅亡嗎！

王倩今年三十一歲，專科畢業後，在一家建築設計公司工作。當初畢業前她來這家設計公司實習時，由於勤奮踏實，表現不錯，所以儘管設計公司當時已經超編，但是老闆還是聘用了她。

由於當時編製所限，只能安排她做助理工作，但是老闆多次找她談話，暗示她這只是暫時的，希望她不要有壓力，要多鑽研業務，公司裡缺的是設計精英，根本不缺助理，只要她能表現出自己的實力，一有機會就馬上將她調到設計部門。可是王倩卻不這麼看，她覺得自己之所以受到「冷落」，所謂的編制問題只不過是一個藉口而已，其實是別人覺得她文憑太低，於是她從一開始當助理那天起，就厭煩這個工作，因為這離她的理想太高遠，她想做設計工程師，可是她設計的幾個工程，無一例外地都被否定了。她很虛榮，總想在設計公司出人頭地，看走業務這條路不行，她就想在學歷上高人一頭，於是一心想考研究生，甚至還規劃好了研究生讀完再讀博士。

可是現實與理想之間畢竟是有著很大差距的，由於底子太差，王倩連續考了三年都沒有考上研究生，於是老闆找她談話，想鼓勵她多鑽研點業務，拿出更好的設計方案來，爭取將來能轉為設計師。實際上，設計公司當時已經有了一個專業設計人員名額，老闆對她真可謂是用心良苦了。但是她權衡來權衡去，覺得還是應該先把碩士學位拿下來比較好。她覺得，反正自己已經是設計公司的人了，就算再來新人也得在她後面吧，否則自己的專科文憑將使自己在設計公司永遠抬不起頭來。

但是她錯了，設計公司本來就是一個蘿蔔一個坑，每個人都要能獨當一面，長期放著這麼個不出色的人，不但同事怨聲載道，老闆也開始著急了。就在這時，來了一個實習生，設計出來的方案很有新意，老闆猶豫再三，最後還是把這個實習生留下來了。

按理說，如果王倩此時及時醒悟還是來得及的，但是這時候，她正專心致志地沉浸在她的那些英文會話裡，她甚至和同事說，她學英語好像開竅了。那時她的確非常刻苦，走到哪裡，都戴著耳機，還經常把自己鎖在辦公室裡，誰敲門也不開，別人找資料，只能打電話給她。

終於有一天，老闆非常客氣地找她談話，委婉地表示：設計公司雖然有很多人，但每個人在各自領域中都必須具有自己的貢獻價值和不可替代性，可是她卻一點也沒有，沒有人能長久容忍一個出工不出力的人，所以她從現在起停職了。

在這種競爭激烈的環境下，王倩為自己不切實際的「志」付出了巨大代價，她曾是那樣地喜歡設計公司，喜歡這個職業，別人也給了她這個機會。但不幸的是，她沒有把它做好。她的失誤就在於她沒有及時放棄自己的「理想」，而是固執地「堅持到底」。

放棄需要明智，該得時你便得，該失時你要果斷地放棄。生活是複雜的，生命不僅僅是一種存在，它還是一個不斷變化、發展的過程，

生活的藝術就在於要懂得有所為有所不為的道理，知道何時應該緊緊抓住機會，而何時又該放手。可是生活中的我們總喜歡給自己加上負荷，輕易不肯放下，自詡為「執著」，我們執著於名與利，執著於一份痛苦的愛，執著於幻想的美夢，執著於空想的追求。數年光陰逝去之後，才嗟歎人生的無為與空虛。

這是一種固執的失敗人生，不足取，不足留。人生苦短，在有限的生命裡，只有踏實的擁有才是真的活過。

寬心的智慧

不要為一滴水拼掉所有的力氣，不要為一朵花，捨棄滿園的春色。

只選適合自己的

有個漁夫，背著滿滿一籃子魚，正要回家，半路上遇見獵人帶著獵狗從野外打獵回來。漁夫看上了獵人的野味，獵人也喜歡上了漁夫的魚，於是他們商量著把各自一天的收穫彼此交換。

交換之後，他們都很滿意，並且希望以後天天這麼交換。

佛陀勸他們說：「要是以後天天交換，很快你們就會沒有交易的樂趣，感覺乏味，並且希望保留自己所收穫的這些東西了。」

人通常都是如此，總覺得別人的東西比自己的好，可是失去之後才發現自己曾經擁有的才是最適合自己的，也是自己最想要的。可是，失去的已經失去，不會再擁有。

這個世界上沒有人是完美的，每個人都會有很多很多的缺陷，成功者之所以能夠成功，是因為他們願意去做一些失敗者所不願做的事情，而失敗者之所以失敗，是因為他們好高騖遠，總是去追求那些自己力所不及的事情。

其實我們應該經常問一問自己：我的能力如何？我的目標是否切合實際？我的理想中哪些是透過努力能夠達到的？哪些是永遠都達不到而應該放棄的？

當我們真正能夠以這樣的思維方式來轉換我們的思想，執行我們的行動方案時，我們就會變成一個非常積極、非常有行動力的人。

的確，一種生活，只要適合自己，只要有自己喜歡的內容，就是最好的生活，何必踏破鐵鞋去尋找那些離你十萬八千里的、遙不可及的生活目標呢？

如果你認為必須擁有很多很多的錢、有很大很大的名氣，你才能夠快樂的話，你怕是很難快樂起來了，因為暴富的機遇和條件實在難求，而人生中的巨獎如諾貝爾獎、奧斯卡獎我們大都得不到。反而人生中尋常的賞心樂事如一聲讚美，一個輕吻，親友圍坐，一席盛宴，明月當空，落日紅霞，都是我們可以享受到的。

不要因為得不到人生的巨獎而煩惱，要享受人生中可愛的小事。這種小事多得很，人人都可以從中享受到快樂。

一個人無論高低貴賤、貧富美醜，最難能可貴的是知道自己真正需要的是什麼，追求的是什麼，正確地做出自己的選擇，做自己生活的主人，而不為世俗的觀念所困惑。

生活中，你應該清楚什麼東西適合你，你適合做什麼。如果你是一隻雞，你就從土裡刨食找樂趣，如果你總是羨慕蒼鷹在天空翱翔，結果，連自己那點樂趣也沒有了。

我們不比任何人高貴，也不比任何人低賤；不比任何人多什麼，也不比任何人少什麼，我們就是我們，我們每個人都是這個世界上的唯一。別人有別人的生活方式，我們有我們的生活方式，如果強求自己與別人一致，那麼我們葬送的就不僅僅是自我了，而是連生存的能力也失去了。

有一隻狐狸，遇到一隻蜈蚣。狐狸用懷疑的口吻對蜈蚣說：「我用四隻腳走路都會絆倒；你用一百隻腳，怎麼可能走路呢？」

蜈蚣本來沒有想過這個問題，但在聽過狐狸的問題後，牠失眠了，牠的腦袋一直在不停地思索：「對，狐狸也許說得對，奇怪，我怎麼能夠用一百隻腳走路呢？如果我只用其中四隻腳走路，是不是會走得像狐狸一樣快呢？」第二天早上醒來，蜈蚣就不會走路了。

人類更是如此，每一個人都有他適合的生活方式，有人是狐狸，有人是蜈蚣。倘若是因為欣慕別人的生活方式捨棄了適合自己的，那你就是那個選擇了四條腿走路的蜈蚣。

寬心的智慧

最適合的才是最好的。

何必盯著成功不放

成功是我們一生追求的目標，可是在人生的路上，衡量成功還是失敗絕非只有結果這個唯一的標準，而且我們還應該考慮一下，我們盯著這個「成功」付出了怎樣的代價，是得大於失，還是失大於得。

一位天文學家每天晚上外出觀察星象。一天晚上，他在市郊慢慢前行時，不小心掉進一口枯井裡。他大聲呼救。

正巧一個過路的和尚聽見了，急忙趕過來救他。和尚看見天文學家的狼狽樣，不禁感歎道：「施主，你只顧探索天上的奧祕，怎麼連眼前的普通事物也視而不見了？」

那天文學家卻說：「對於我而言，探索到天上的奧祕是我的夢想，也代表著我人生的成功。」和尚只有無奈地搖頭。

對成功的定義，應該說是仁者見仁，智者見智。有的人認為腰纏萬貫才是成功，可是財富卻往往與幸福無關。紐約康乃爾大學的經濟學教授羅伯特・弗蘭克說：雖然財富可以帶給人幸福感，但並不代表財富越多人越快樂。一旦人的基本生存需要得到基本滿足後，每一元錢的增加對快樂本身都不再具有任何特別意義，換句話說，到了這個階段，金錢就無法換算成幸福和快樂了。

如果一個人在拚命追求金錢的過程中，忽略了親情，失去了友誼，也放棄了對生命其他美好方面的享受，到最後即使成了億萬富翁，不也難以擺脫孤獨和迷惘的糾纏嗎？所以並非是金錢決定了我們的願望和需求，而是我們的願望和需求決定了金錢和地位對我們的意義。你比陶淵明富足一千倍又怎麼樣，你能得到他那份「采菊東籬下，悠然見南山」的怡然嗎？

在美國新澤西州，有一位叫莫莉的著名獸醫勸告人們向動物學習。她拿鳥做例子說：「鳥懂得享受生命。即使最忙碌的鳥兒也會經常停在樹枝上唱歌。當然，這可能是雄鳥在求偶或雌鳥在應和，不過，我相信牠們大部分時間是為了生命的存在和活著的喜悅而歡唱。」

可是作為萬物之靈長的人類，在對待生命的態度上卻未必能有這種豁達，有的人窮其一生，都無法達到這樣的境界。有的人認為，得到了金錢就得到了幸福，這是多麼可笑的想法！可見，他們並不知道金錢和幸福是沒有必然聯繫的。有了金錢，並不一定就會帶來幸福，反而因為金錢而引發不幸的事例倒是比比皆是。

還有的人認為只有擁有了盛名，才意味著成功。殊不知，功名利祿不過是過眼煙雲，生命的輝煌恰好隱藏在平凡生活的點滴之中。也有的人認偽權傾一時就是成功，更有的人認為出類拔萃才是成功，平庸就意味著失敗，可是生活的真實卻往往是有些人看起來不怎麼樣，活得確是很踏實。哥倫比亞大學的政治學教授亞力克斯·邁克羅斯發現，那些腳踏實地、實事求是的人往往比那些好高騖遠的人快樂得多。

其實誰也不至於活得一無是處，誰也不能活得了無遺憾。一個人不必太在乎自己的平凡，平凡可以使生命更加真實；一個人不必太在乎未來會如何，只要我們努力，未來一定不會讓我們失望；一個人不必太在乎別人如何看自己，只要自己堂堂正正，別人一定會對我們尊重；一個人不必太在乎得失，人生本來就是在得失間徘徊往復的。

一個人要想生活得快樂，就要學會根據自己的實際情況來調整奮鬥目標，適當壓制心底的慾望。不要因為自己才質平庸而悶悶不樂，生活中，智慧與快樂並無聯繫，反倒是「聰明反被聰明誤」、「傻人有傻福」的例子俯拾皆是。

很多人年輕的時候無憂無慮地生活，雖然沒有錢，沒有名，沒有地位，但是他們真的很快樂，什麼都不用想，只做自己喜歡做的事情，可是當他們開始追求人人嚮往的傳說能帶給他們幸福快樂的各種東西之後，卻漸漸地發現自己不得不放棄那些他們喜歡做的事情了，而他們得到的卻並沒有給他們帶來多少快樂，帶來的反而是負擔，壓得他們無法追求別的東西，壓得他們無法輕鬆地面對自己真正的夢想。這時他們往往會痛苦不堪地一遍一遍地問自己：「為什麼得到的都是我不想要的，而我想要的卻總是得不到？」

其實，從某種意義上來說，人生中，一個男人最大的成就是有一個好妻子，一個女人最大的成功是有一個好孩子，一個孩子最大的成功是能心理和生理都健康地成長。這才是最踏實最快樂的成功詮釋。

人生是公平的，你要活得隨意些，或許就只能活得平凡些；你要活得輝煌些，或許就只能活得痛苦些；你要活得長久些，或許就只能活得簡單些。

寬心的智慧

成功無確切定義，重要的是你內心是否認為自己成功。

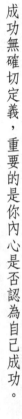

捨去無益之物

應該說：「無益則無用」。應該捨棄，可是現實中我們往往做不到這一點，就像吸菸者知道吸菸有害健康卻不願意戒菸。時間久了則形成依賴性，想戒都戒不掉。所以，只能讓有害物質去侵害身體的健康。事實上，我們若想選擇一路順利地走下去，必須捨去無益之物，汲取養料，讓自己成為一個有益之人。這是我們這些入世之人最該做到的。

慧遠禪師年輕時喜歡四處雲遊。二十歲那年在行腳途中，他遇到了一位嗜菸的路人，兩個人結伴走了很長的一段山路，然後都坐在樹邊休息。那位路人給了慧遠禪師一袋菸，慧遠禪師高興地接受了路人的饋贈，然後他們就開始了閒聊，由於談得很投機，那人便送給他一根菸管和一些菸草。

慧遠禪師與路人分開之後，心想：「這個東西令人十分舒服，肯定會打擾我禪定，時間長了一定會養成惡習，所以還是趁早戒掉的好。」於是就把路人送給他的菸管和菸草全部都扔掉了。

又過了幾年，他又迷上了《易經》。那時正值冬季，天寒地凍，他寫信給他的師父，想索要一些寒衣。但是信送出去了好長時間，冬天已經過去，山上的雪都已開始融化，師父的衣服還沒有收到，甚至沒有任何音訊。慧遠禪師於是便用《易經》為自己算了一卦，結果卜算出那封信根本沒有送到。

他心想：「《易經》占卜這麼準確，但是如果我沉迷此道的話，怎麼可能全心全意地參禪呢？」從此以後他便放棄了對《易經》的研究。

之後，他又迷上了書法和詩歌，每天專研，竟也小有所成，有幾位書法家和詩人居然對他的書法、詩讚不絕口。但是他轉念又想到：「我又偏離了自己的正道，再這樣下去，我很有可能成為一名書法家或詩人，而不是一位禪師。」

從此，他不再舞文弄墨、習字賦詩，並且放棄了一切與禪無關的東西，一心參悟，終於成為了一位著名的禪宗大師。

致力於自己所努力的方向和目標，一路上不為外物所惑動、所引誘，唯有控制自己的慾望，方能成就自我的追求。

「慾望」可以是推動人們向上的一股力量，也可以是主宰人們墮落的源頭。人生的浮浮沉沉，慾望乃是最大之濫觴；因而，自我控制的層次，亦可視為個人修持成就的指標。一個不能控制六根慾望的人，是不會有所成就的。有些人喜歡涉足不正當的場所，即使知道是非，但也捨不得捨卻，最終只能得到因果的報應。

人，就是慾望太多，才會生生世世在六道中輪迴。人，更因為不懂捨卻，才會遭到輪迴的惡報。生活中類似於田鳳岐的人還很多，我們應當有所為有所不為，正如佛經裡常說的「知非便捨」。

所以，想成就自我，而不是迷失自我的話，一定要觀照自我、控制自我、清洗自我、把持自我，不為外物所玷染，活出一種自在、一種清淨、一種完滿！

寬心的智慧

知非便捨，遠離一切干擾，才能擁有安詳、和諧的心靈。

忍辱是培養我們的人格最有力的途徑

《菜根譚》中寫道：「天薄我以福，吾厚吾德以迓之；天勞我以形，吾逸吾心以補之；天扼我以遇，吾亨吾道以通之。天且奈我何哉！」

意思是說：假如上天不增多我的福分，我就多做些善事培養品德來對待這種命運；假如上天用勞苦來困乏我的身體，我就用安逸的心情來保養我疲憊的身體；假如上天用窮困來折磨我，我就開闢我的求生之路來打通困境。假如我能做到這些，上天他又能對我怎樣呢？

人之所以異於禽獸，就是講究人格道德；品格是道德的基礎，一個人若對於品格道德都不講究的話，那和禽獸有何差別？

當然，培養我們品格道德的方法很多。在傳統的中國文化看來，要培養我們的人格道德，最有力、最有幫助的途徑，還是「忍辱」。

現在的很多年輕人，逞一時匹夫之勇，可為一件小事而拔刀相向；為一句閒話，往往放在心裡，久久不能消除。其實，沒有忍辱功夫，說話、做事都不能達到理想。

一句閒話就要計較，一點小小折磨就受不了，這種沒有力量應付不良環境的人，如何能擔當重任和創造事業呢？

孟子說：「天將降大任於斯人也，必先苦其心志，勞其筋骨，空乏其身，行拂亂其所為。」假如，我們要想成為未來的社會中堅力量的話，就要先學忍耐，忍功夫做得到，才能成就宏大的事業。

事實上，能忍的人並不是懦夫，反之，忍是勇敢的，是有力量的；忍是一種犧牲，是一種定力，你能培養這種定力、犧牲的精神，修養品德才會有增長，事業和人生才能成功。因此，古人說：「欲做精金美玉的人品，定從烈火中鍛來。」

寬心的智慧

生活的戰鬥在大多數情況下都像攻佔山頭一樣，如果不費吹灰之力便贏得它，就像打了一場沒有光榮的仗。

沒有困難，就沒有成功；沒有奮鬥，就沒有成就。生活中的挫折未必是壞事，有時恰恰是我們通向成功的階梯。

滅卻心頭火，方能化逆境為坦途

俗話說：「滅卻心頭火，勝點佛前燈。」

為什麼要點佛前燈？那是因為燈是光明與智慧的象徵，在佛前點燈，可藉著佛的智慧光明，照破我們的無明，成就我們的智慧，而獲無上功德。

在現實生活中，每個人都難免會遇到不如意或被他人損害的事，於是自然會生氣。這心頭火就是佛教講的嗔心。這種憤怒、仇視、怨恨和損害他人的心理，會使身心產生嗔恚、不安，也是人的根本煩惱之一，與貪和癡一起被稱為「三毒」。

佛家講：一念嗔心起，百萬障門開。

宋朝知名的理學家張九成，辭官回鄉後，去拜訪喜禪師，說：「我撲滅了心頭的妄火，特地來參大師的喜禪。」

喜禪師說：「你今天為什麼這麼早起呀？難道是你妻子去陪別人睡覺嗎？」

張九成一聽大怒，罵說：「你這個沒道理的人！怎麼敢說這種風涼話？」

喜禪師微微一笑，說：「你不是撲滅了心頭火嗎？怎麼我輕輕一搖扇子，你的爐內又冒煙了呢？」

張九成一聽，慚愧不已。

日本的山岡鐵舟和尚也有類似的一段趣事。

鐵舟到處參訪名師，一天，他見到了相國寺的獨園和尚。為了表示自己的悟境，他頗為得意地對獨園說：「心、佛、眾生，三者皆空。現象的真性是空，無悟無迷，無聖無凡，無施無受。」當時獨園正在抽菸，未曾答腔。但他突然舉起菸管將山岡打了一下。山岡大為惱怒，吼道：「您打我幹嘛？」獨園反問：「一切皆空，哪兒來的這麼大脾氣？」

生氣、發怒、怨恨，這些都是由煩惱而引發的心頭火，當我們遇到了違背自己意願或不順心的事，就會生起憎恚，身心就不能平靜。由此產生的忿、恨、惱、嫉、害等危害極大的情緒，便會發生爭鬥，引發很多不愉快的後果。因此，寒山子有詩偈云：「嗔是心中火，能燒功德林。」

仔細想想，人在生氣的時候，就好像烏雲蓋在心頭，你愈想驅散它，愈驅之不走。其實，沒人喜歡生氣，但往往境界面前，卻沒辦法不生氣，而且是越想越氣。由於眾生習氣不同，有人是沾火就著；有的看起來似乎不會生氣，但心裡卻是暗自生悶氣。不管怎樣，這心頭火，卻是被這怒和怨，慢慢點燃，最後形成熊熊烈火，不管不顧，燒掉了所有的功德——親情、愛情、友情，良好的人際關係。當然，人非聖賢，誰也不能時刻都保持良好狀態。但是，我們可以透過不斷地學習和修持，來慢慢調整自己，學會在大事臨頭時「忍耐」克制。

宋代高僧慈受禪師亦有《退步》詩：「萬事無如退步人，摩頭至踵自觀身，只因吹滅心頭火，不見從前肚裡嗔。」這首詩的大意是，勸人在受到傷害或吃虧的時候，不要立刻就發火或心生報復。而是反觀自身，想想這件事因何而起，自己有沒有過錯？如果發怒，之後會有什麼結果？若不生氣又會有什麼結果？這樣孰是孰非就很清楚，怒火也就慢慢消退，相互之間的矛盾，就不再那麼尖銳了。一旦能夠心平氣和地面對現實，自然就可以找出化解矛盾的方法，一場可能發生的爭吵或災難，就這樣無聲無息地大事化小，小事化無了。

晚清名將曾國藩，未求取功名前，去長沙讀書。他的書桌就在窗前，後來有個叫展大寬的同學來了，因為來得晚，書桌只好安排在牆角。有一天，他突然衝著曾國藩大吼：「亮光都是從窗子照進來的，你憑什麼遮擋別人？」曾國藩一聲不響地把桌子挪開。但展大寬仍不滿意。第二天，他趁曾國藩不在，竟把自己的書桌挪到窗前，把曾國藩的書桌移到牆角。曾國藩看了沒說一句話，之後他就一直在牆角的位置讀書。

後來，曾國藩考中了舉人，展大寬又來尋釁。他氣呼呼地說：「你讀書的地方風水好，那本來是我的，結果讓你給奪去了。」旁邊的同學為曾國藩抱不平，問道：「書案的位置不是你吆五喝六的，一定要換過來的嗎？」展大寬無理取鬧地說：「所以呀，他才奪了我的好風水！」那同學說：「那好啊，你再搬回牆角吧，明年準能中舉！」眾人哄堂大笑。展大寬一臉狼狽，而曾國藩在旁，始終和顏悅色的聽著，不置一詞。

的確，曾國藩有大智，智在善忍！而他之後數十年的官場縱橫，名利雙收，都證明了他有過人膽識和高超的手腕。「忍小忿以就大謀」，化逆境為坦途，屢歷艱險而屢屢成功。

他的成功，最終歸功於一個「忍」字：官場失意，忍忿；同僚排擠，忍氣；戰事潰敗，忍辱；名利無收，忍欲；功高震主，忍嫉……一個「忍」字，貫穿了曾國藩的一生；一個「忍」字，造就了曾國藩的輝煌。

後人讚他是「每逢大事有靜氣」。正是這種靜氣讓他的生命，有了一種安詳的境界。

忍一時風平浪靜，退一步海闊天空

唐朝有一個姓張的大官，家庭和睦，美名遠揚，一直傳到了皇帝的耳中。皇帝讚美他治家有道，問他道在何處，他一氣寫了一百個「忍」字。

古人說：「小不忍則亂大謀」；「忍得一時之氣，免卻百日之憂。」古往今來的哲人多強調，對於日常的瑣碎之事，不必去斤斤計較。在大事業之前的小事若無法忍受，將無法成就偉大的理想。韓信的故事是一個很好的佐證。

韓信是漢高祖劉邦的大將，年輕時整日游手好閒，無所事事。有一天，一群小流氓找茬說：「你長得倒不賴，不知膽量如何呢？」韓信聽後沉默不語。這時，圍觀的人越來越多，流氓又挑釁說：「如果你有膽量，就來刺殺我；如果害怕，就從我胯下爬過去吧。」

韓信仍然一言不發，默默地爬過他的胯下。這就是歷史上著名的「胯下之辱」的故事。

人的一生中，令人發怒的事不計其數，倘若每件事都斤斤計較，耿耿於懷，是成不了事的。反之，胸懷大志，就會「忍人所不能忍」，對於許多事情就不會放在心上，而是堅定地朝著自己的目標奮進。

俗話說：「忍一時風平浪靜，退一步海闊天空。」「以忍為上」是一種玄妙的處世哲學。常言道：識時務者為俊傑。所謂俊傑，並非專指那些縱橫馳騁如入無人之境，衝鋒陷陣、無堅不摧的俠客、英雄。他更是那些能夠以自己的胸懷和毅力而獲取成功的人。

現實生活是殘酷的，很多人都會碰到不盡人意的事情。殘酷的現實需要你承受，這個時候，你必須面對現實。要知道，敢於碰硬，不失為一種壯舉。可是，胳膊擰不過大腿。硬要拿著雞蛋去與石頭鬥狠，只能算作是無謂的犧牲。這個時候，就需要用另一種方法來迎接生活：一切以大局為重，往往能夠忍一時之氣，成一世之勢。

「忍」是個人修養、智慧、能力的集中體現。遇事發怒，爭強好勝，往往出現因小失大的後果。

《三國演義》中的周瑜，氣量狹窄，不能容忍諸葛亮計高一籌的現實，一定要與諸葛亮較量到底。明明曹操在赤壁戰敗，東吳政權應將力量投入到向北擴大地盤的征戰中，可是周瑜寧肯讓孫權往合肥與張遼交戰受挫，自己帶著東吳主力與諸葛亮爭奪荊州。爭奪的結果自然是失敗，周瑜也為此負氣身亡，這正是缺乏修養的表現。

以「忍」來體現個人的修養與才能，在中國歷史上有許多例子。《三國演義》中的曹操作為「治世之能臣，亂世之奸雄」，尤其善「忍」。當董卓進京擅權作亂時，眾官想到漢室將亡，一齊啼哭，唯他「撫掌大笑」。王允責備他時，他說：「吾非笑別事，笑眾位無一計條董卓耳。操雖不才，願即斷董卓頭，懸之都門，以謝天下，」等到他行刺董卓不成時，又趕忙「持刀跪下」，謊稱「獻刀」，足見掩飾內心活動的機智。

曹操翦滅呂布後，已有挾天子以令諸侯之威，不想來了個彌衡，擊鼓大罵曹操。張遼等人要殺彌衡，但曹操卻忍住了，不願去擔「害賢」之名，於是非要將彌衡送劉表處，最後讓黃祖殺了他。可見，曹操的「忍」與政治家的寬容氣度頗為相通。

《三國演義》中的劉備，更是以忍求尊的出色運用者。他有漢室甲胄出身，有關羽、張飛效力，而且破黃巾立功，僅得安喜縣尉之職，他仍然遵命上任；張飛怒鞭督郵，為了維繫桃園結義的情義，他辭官而去；虎牢關戰敗呂布顯露鋒芒，仍然坐在諸侯的末位；曹操滅呂布後，劉備與曹操在許都供職，更是如履薄冰。曹操以青梅煮酒論英雄相試，劉備則以韜晦之計避讓；等到脫離許都後，又先後投奔袁紹、劉表，在任何地方都是一副寬厚待人的樣子，甚至蔡瑁幾次逼殺，劉備都是避讓而已，並無反擊。偏偏就是這樣一個能夠忍讓的人，得到了普遍的尊重，連曹操等政治對手也稱他為「英雄」，劉備透過處處忍讓而爭得人心，由得人心而得人才，終於成為鼎足三分的主導力量。劉備的成功，也顯示了以忍求尊人生智慧的力量。

「忍」作為中國人生智慧的體現，一直積蓄著自強不息的力量。明代朱袞在《觀微子》中說：「君子忍人所不能忍。」正是從人格、意志、修養、智慧諸方面探討「忍」在個人人生中的價值。忍顯示著一種力量，是內心充實，無所畏懼的表現。忍是一種強者才具有的精神品質。

寬心的智慧

忍不是低三下四，甘願受他人擺布，忍氣吞聲，受人欺侮，逆來順受，不去反抗；而是一種積蓄力量的方式。

一個人善於忍，才能得到各方面的幫助，汲收各個方面的信息，為自己的發展和成功奠定良好的基礎。

4

糊塗的活著比清醒時更快樂

有的事不明白就不會牽腸掛肚，就會少一分煩惱，佛陀說：「一切萬法不離自性。」就是說人不可自尋煩惱，人說我癡，我就癡給他看。

難得糊塗

佛陀說：「一切眾生即非眾生。」這個世界上有太多的人和事你永遠都管不完看不清。所以，清醒的時候就難免心煩意亂，不得安寧，還是糊塗一點更快樂。

曾國藩從小立志要成為聖人，但才能有限，別人都飛黃騰達了，他還屈居鄉里。一天他悶悶不樂地散步到郊外，看見一座破廟，就信步走入。破廟中，一個老僧正擁爐看書，看得津津有味。

曾國藩忍不住上前，想看清那是一本什麼書值得這樣看。但就在他剛瞟到書名的那一瞬間，那老僧竟然把書扔進了爐子裡。

曾國藩吃了一驚，呆在那裡。老僧哈哈大笑，還向曾國藩解釋道：「我是瘋子，我是瘋子。」隨後進屋睡覺，再不理人。

這件事給曾國藩留下深刻印象。很多年後他向李鴻章說起，問李鴻章是否明白瘋僧的用意。

李鴻章聰明絕頂，但偏偏不說，假裝苦思冥想不得其解，謙虛地說：「學生實不知，還是老師為我解惑吧！」

曾國藩微微歎息道：「瘋僧燒書之舉，意在點醒我。」

「哦？」

「那時我什麼都想弄明白，其實什麼都不明白，瘋僧此舉看似瘋狂，其實用意頗深。他在告訴我：很多事情是永遠看不清的，但看不清就看不清，並無大礙。你只管做你自己的事就可以了。」

曾國藩這話看似簡單，其實從佛學裡悟出了很深道理。曾國藩滅太平天國後，為朝廷所忌，又被天津教案搞得名聲很臭，開始時他不能搞清楚為什麼自己變成這樣了，但這時他已看清這一切都很必然，這一切也並不重要。因此他終於徹底放棄功名進取，以善人而善終，可謂有福。

人生本就是一場戲，看清了，也就釋然了。鄭板橋的那四個字「難得糊塗」包含著人生最清醒的智慧和禪機，只可惜有一部分人悟不透，大部分人做不到，所以，終日鬱鬱寡歡，忙碌不堪，事事要爭個明白，處處要求個清楚，結果才發現因為太清醒了、太清楚了反倒失去了該有的快樂和幸福，留給自己的也就只剩下清醒之後的創痛。

難得糊塗，糊塗難得。留一半清醒留一半醉，才能在平靜之中體味這人生的酸、甜、苦、辣。古人說：「水至清則無魚，人至察則無徒。」水太清澈了，魚兒們無法藏身，也無法找到可以維持生存的食物，當然只有另尋可以生存的水域。人活得太清楚，要求太苛刻，也就沒有了朋友。因為所有的人都有這樣那樣的缺點。你緊抓著這些不放，當然沒有人敢接近你。做事也是如此，有時你只需睜一隻眼，閉一隻眼就可以了。把事做絕了，做的太清楚了只能讓人害怕你的苛刻，討厭你的精細和繁瑣。所以，當你再次要求別人去做事時，別人當然是能避則避，能推則推，這時的你也許還會覺得別人不夠義氣，卻不知是因為你活得太過清醒，要求得太過嚴格。

所以，人何必活得那麼清醒，自己太累，別人也不舒服。只有糊塗一點，人才會清醒，才會冷靜，才會有大氣度，才會有寬容之心，才能平靜地看待世間這紛紛亂亂的喧囂，爾虞我詐的爭鬥；才能超功利，拔世俗，善待世間的一切，才能居鬧市而有一顆寧靜之心，待人寬容為上，處世從容自如。

有了「糊塗」這種大智慧，你就會感到「天在內，人在外」，天人合一，心靈自由，獲得一種從未有過的解放。

憑著這顆自由的心，你再不會為物所累，為名所誘，為官所動，為色所惑。

有了這種大智慧，你才會幡然頓悟，參透人生，超越生命，不以生為樂，不以死為悲，天地悠悠，順其自然，人間得以恬靜，心靈得以安寧。

寬心的智慧

糊塗才是清醒，才是聰明。

糊塗才是大學問

一位小和尚對於許多事都弄不明白，覺得自己很笨，沒有別人活得清醒，便去請教禪師如何能讓自己活得清醒一點。

禪師並沒有非常明確地說明，卻對他講了一個莊周夢蝶的故事：

戰國時期，哲學家莊周一直生活在痛苦當中，沒有知己，他必須強迫自己摒除雜念，才能獨自地生活下去。

一天黃昏，他實在想放鬆一下，便去了郊外。那裡有一片廣闊的草地，綠油油的草散發出芳香。他仰天躺到了上面，盡情地享受著，不知不覺就進入了夢鄉。在夢中，他成了一隻色彩斑斕的蝴蝶，在花草叢中盡情地飛舞著。上有藍天白雲，下有金色的大地，周圍的景色也十分迷人，一切都是那麼的快樂與溫馨。他完全忘卻了自我，整個人都被美妙的夢境所陶醉了。

夢終歸有醒時，但他對於夢境與現實無法區分。過了許久，清醒了的他才發出一聲感慨：「莊周還是莊周，蝴蝶還是蝴蝶。」

人生就是一場夢，醒時夢時沒什麼大的區別，如果放下所有的一切，夢時反而比醒時幸福。所以，醒時也不妨讓自己做做夢。活得輕鬆一點，糊塗一點。

人生是個萬花筒，一個人在複雜莫測的變幻之中要用足夠的聰明智慧來權衡利弊，以防失手於人。但是，人有時候不如以靜觀動，守拙若愚。這種處世的藝術其實比聰明還要勝出一籌。聰明是天賦的智慧，糊塗是後天的聰明，人貴在能集聰明與愚鈍於一身，需聰明時便聰明，該糊塗處且糊塗，隨機應變。

老子大概是把糊塗處世藝術上升至理論高度的第一人。他自稱「俗人昭昭，我獨昏昏；俗人察察，我獨悶悶」。而作為老子哲學核心範疇的「道」，更是那種「視之不見，聽之不聞，搏之不得」的似糊塗又非糊塗、似聰明又非聰明的境界。人依於道而行，將會「大直若屈，大巧若拙，大辯若訥」，中國人向來對「智」與「愚」持辯證的觀點，《列子・湯問》裡愚公與智叟的故事，就是我們理解智愚的範本。

莊子說：「知其愚者非大愚也，知其惑者非大惑也。」人只要知道自己愚和惑，就不算是真愚真惑。是愚是惑，各人心裡明白就足夠了。

孔子說：「寧武子，邦有道則知，邦無道則愚。其知可及也。」寧武子即寧俞，是春秋時期衛國的大夫，他輔佐衛文公時天下太平、政治清明。但到了衛文公的兒子衛成公執政後，國家則出現內亂，衛成公出奔陳國。寧俞則留在國內，仍是為國忠心耿耿，表面上卻裝出一副糊里糊塗的樣子，這是明哲保身的處世方法。

因為身為國家重臣，不會保身怎能治國？後來周天子出面，請諸侯霸主晉文公率師入衛，誅殺佞臣，重立衛成公，寧俞依然身居大夫之位。這是孔子對「愚」欣賞的典故，他很敬佩寧俞『邦無道則愚』的處世方法，認為一般人可以像寧俞那麼聰明，但很難像寧俞那樣糊塗。

在古代上層社會的政治傾軋中，糊塗是官場權力較量的基本功。僅以三國時期為例，就有兩場充滿睿智精采的表演：一是曹操、劉備煮酒論英雄時，劉備佯裝糊塗得以脫身；二是曹、司馬爭權時司馬懿佯病巧裝糊塗反殺曹爽。後人有語云：「惺惺常不足，濛濛作公卿。」蘇東坡聰明過人，卻仕途坎坷，曾賦詩慨歎：「人人都說聰明好，我被聰明誤一生。但願生兒愚且蠢，無災無難到公卿。」

聰明難，糊塗亦難，由聰明轉入糊塗更難。放一招，退一步，當下心安，非圖後來福報也。做人過於聰明，無非想佔點小便宜；遇事裝糊塗，只不過吃點小虧。吃虧是福不是禍，往往有意想不到的收穫。

「饒人不是癡」，歪打正著，「吃小虧佔大便宜」。有些人只想處處佔便宜，不肯吃一點虧，總是「斤斤計較」，到後來是「機關算盡太聰明，反誤了卿卿性命」。

鄭板橋以個性「落拓不羈」聞於史，心地卻十分善良。他曾給其堂弟寫過一封信，信中說：「愚兄平生謾罵無禮，然人有一才一技之長，一行一言為美，未嘗不嘖嘖稱道。囊中數千金，隨手散盡，愛人故也。」以仁者愛人之心處世，必不肯事事與人過於認真，因而「難得糊塗」確實是鄭板橋襟懷坦蕩無私的真實寫照，並非一般人所理解的那種毫無原則稀裡糊塗地做人。糊塗難，難在人私心太重，執著於自我，陡覺世界太小，眼前只有名利，不免斤斤計較。

《列子》中有齊人攫金的故事，齊人被抓住時官吏問他：「市場上這麼多人，你怎敢搶金子？」齊人坦言陳辭：「拿金子時，看不見人，只看見金子。」

可見，人性確有這種弱點，一旦迷戀私利，心中便別無他物，唯利是圖，用現代人的話說是：掉進錢眼裡去了！

聰明與糊塗是人際關係範疇內必不可少的技巧和藝術。得糊塗時且糊塗。比聰明人還聰明的處世哲學，是人生的大學問。

寬心的智慧

聰明難，糊塗更難。

糊塗人最高明

有許多人表面看來聰明絕頂，整天指東道西，嘰嘰喳喳藉以顯示自己的聰明才智，實際上並不是聰明人，真正聰明的人不會用這種愚蠢的方法證明自己，而是故意裝愚。所以，有些人看起來一點都不聰明，卻很可能是最高明的人。

宋代的大文豪蘇東坡喜歡禪道。一次，他到金山寺和方外至交佛印禪師打坐參禪。參了一會兒，蘇東坡覺得身心通暢，於是問佛印：「禪師！你看我坐的樣子怎麼樣？」

佛印：「我看你好莊嚴，像一尊佛！」

蘇東坡聽了非常高興。禪師接著問蘇東坡：「學士！你看我坐的姿勢怎麼樣？」

蘇東坡一聽，馬上嘲弄禪師說：「真像一堆牛糞！」

佛印聽了也很高興。蘇東坡見將禪師喻為牛糞，禪師竟無以為答，以為贏了佛印禪師，於是跟自己的妹妹蘇小妹說：「我今天贏了！」

蘇小妹就問道：「哥哥！你究竟是怎麼贏了禪師的？」

蘇東坡眉飛色舞地敘述了一遍。蘇小妹天資超人，才華出眾，她聽了蘇東坡得意的敘述之後，正色說：「哥哥！你輸了！禪師心中如佛，所以他看你如佛；而你心中像牛糞，所以你看禪師才像牛糞！」

蘇東坡啞然，方知自己又輸給了佛印禪師。

在這個故事中我們可以看出，自詡聰明的人不一定聰明，蘇東坡尚且如此，何況你我！所以我們還是不要自作聰明。

阿根廷著名的足球運動員迪戈・馬拉度納在與英格蘭球隊相遇時，踢進的第一球，是「頗有爭議」的「問題球」。據說墨西哥一位記者曾拍下「用手拍入」的鏡頭。

當記者問馬拉度納，那個球是手球還是頭球時，馬拉度納機敏地回答說：「手球一半是迪戈的，頭球有一半是馬拉度納的。」馬拉度納的回答頗具心計，倘若他直言不諱地承認「確實如此」，那麼對裁判的有效裁決無疑是「恩將仇報」。但如果不承認，又有失「世界最佳球員」的風度。而這妙不可言的「一半」與「一半」，等於既承認了球是手臂撞入的，頗有「明人不做暗事」的大將氣概，又在規則上肯定了裁判的權威，亦具有了君子風度。

這一箭三鵰的效果有幾人可以做到？而又有誰能否定他的機智？莎士比亞在其著作《第十二夜》中，讓主人公說出了這樣一句話：「因為他很聰明，才能裝出糊塗人來。徹底成為糊塗人，要有足夠的智慧。」特殊場景中的假裝糊塗其實是一種機智的應變。

在交往中，往往由於對方提出的問題比較敏感，或者涉及某種「隱私」不好回答，然而，面對客人又不能不答，那些高明人就會用假裝糊塗來給以回答。如：一次，乾隆皇帝突然問劉墉一個怪問題：「京城共有多少人？」劉墉雖猝不及防卻非常冷靜，立刻回了一句：「只有兩人。」乾隆問：「此話何意？」劉墉答曰：「人再多，其實只有男女兩種，豈不是只有兩人？」乾隆又問：「今天京城裡有幾人出生？有幾人去世？」劉墉回答：「只有一人出生，卻有十二人去世。」乾隆問：「此話怎講？」劉墉妙答曰：「今年出生的人再多，也都是一個屬相，豈不是只出世一人？今年去世的人則十二種屬相皆有，豈不是死去十二人？」乾隆聽了大笑，深以為然。

確實，劉墉的回答極妙。因為皇上發問，不回答不行；答吧，心中無數又不能亂侃，這才急中生智，趣對皇上。

這就是高明人的所問非所答。

其實，這樣的例子在外交場合常常碰到。如上世紀六〇年代初期，中國曾準確地擊落過一架入侵中國的美製U2高空偵察機，在一次引人關注的記者招待會上，曾有一位外國記者就此詢問外長：「請問外長先生，你們是用何種武器擊落如此先進高空偵察機的？」顯然，這是軍事祕密，不能公開回答，但如不回答又會使提問者尷尬，外長就勢舉了舉自己手中的拐杖，說：「就是用這玩藝兒捅下來的。」說著還做了個往上捅的動作。自然，此舉贏得了一片熱烈的掌聲。

生活中還有一種高明便是變音調的運用。如玩笑中有人說：「我是你老子。」意思是我是你爸爸。而回答者則說：「你是我老『子』呀。」他把「子」字的語音加重了。

意思是你是我的小兒子。因為在北方，小兒子、小姑娘有被稱為「老姑娘、老兒子」的習慣，就像第一個兒子稱為大兒子一樣是一種習慣。所以不同語音形成了兩種不同的、截然相反的概念。另外，還有一種用打岔的形式的，如：一個說：「你好像個豬。」另一個回答：「什麼，我像你叔？」

其實不管閃爍其辭也好，所答非所問也好，還是打岔串音也好，其目的都一樣，就是避重就輕。但這幾種方法的共性就一個，那就是假裝糊塗。因為只有假裝糊塗才能閃爍其辭，只有假裝糊塗才能所答非所問，同樣也只有假裝糊塗才能打岔，才能顯現出你智謀的廣博處事的高明。

寬心的智慧

不要小看了糊塗人，不要大看了聰明人。

心清而形濁

某日，一隊裸體的婆羅門和一群佛教出家人，結伴而行。半路上，一位年輕僧人目睹婆羅門赤身裸體，不禁在大家面前噗哧笑了起來：「不穿衣服，赤身裸體，簡直不知羞恥。」

不料，在婆羅門群裡，有一人稍懂佛教，聽了年輕和尚的譏笑，也不甘示弱，便慢條斯理地對他說：「和尚，你穿起袈裟，便是出家的標誌，怎可嘲笑和輕視別人呢？外表出家，並不代表一定斷絕了煩惱，倘若不能斷煩惱，脫離生死的流轉，以後還不是跟我們一樣赤身裸體？這樣，你怎能笑別人不穿衣服呢？現在，你在生死大海上浮沉，等於脫拉樹的花，隨著風飄東飄西一樣；又像被灰土覆蓋的火，煩惱的火焰正在你內心燃燒著，將來也不知會投生到哪個惡道裡，你應該嘲笑自己，哪有閒情譏笑別人呢？顯然，你缺乏慚愧心。看你的樣子，不像是已經斬斷煩惱，或已證悟的人。倘若是真有慚愧心，便沒有邪見，也沒有惡覺，只有這樣才不敢譏笑別人。」

年輕和尚被婆羅門教訓一頓，啞口無言。

可見，譏笑別人的人不見得覺悟聰明，形似癡癲的人不見得愚蠢呆傻，佛法教育人們應不執於外相，而應善修己心。那些真正的聰明人，常常被人看做是愚癡，卻不知他們的心比任何一個人都清醒。入世的大智者正是如此。

曹操擊敗呂布，奪取了徐州，劉備因自己勢單力薄，只好隱藏下自己獨展宏圖的宿願，暫時依附於曹操。

曹操原本對劉備不放心，消滅呂布後，讓車胄鎮守徐州，把劉、關、張一同帶回許都。既然歸順於他，也就得給些甜頭，於是曹操帶劉備進見獻帝，論起輩分，劉備還是獻帝的叔叔，所以後來人家叫他「劉皇叔」。

劉備原先就是豫州牧，這次曹操又薦舉他當上了左將軍。曹操為了拉攏劉備，對他厚禮相待，出門時同車而行，在府中同席而坐。一般人受到如此的禮遇，應該高興，劉備卻恰恰相反。曹操越看重他，他越害怕，怕曹操知道自己胸懷大志而容不下他。更怕「衣帶詔」事發。原來，獻帝想擺脫曹操的控制，寫了一道討滅曹操的詔書，讓董承的女兒董貴人縫在一條衣帶中，連一件錦袍一起賜給董承。

董承得到這條「衣帶詔」，就聯合了種輯、吳子蘭、王服和劉備結成滅曹的聯盟。因為此事關係重大，一點兒風聲也不能透漏。

於是，劉備裝起糊塗，在後花園種起菜來，連關羽、張飛都摸不透大哥為什麼變得這麼窩囊。

一天，劉備正在後園澆水種菜，許褚、張遼未經通報就闖進後園，說曹操有請，馬上就去。當時關羽、張飛正對劉備那種悠閒自得的行為不滿，一塊兒出城練習射箭去了。劉備只得孤身一人去見曹操。

劉備心中忐忑不安：難道董承之謀露了餡！因為心裡有鬼，所以越發緊張。曹操見了他，劈頭就是一句：「您在家裡幹的好事呀！」劉備覺得臉上的肉都僵了，兩條腿直發抖，嚇得一時說不出話來。

幸好曹操長歎了一口氣後，又冒出一句：「種菜也不是一件容易的事呀！」劉備這才知道曹操所說的「好事」不是指謀反，提到嗓子眼的那顆心才暫時放了下來。曹操拉著劉備的手，一直走到後花園。

曹操指著園中尚未成熟的青梅果子，對劉備講起前不久征討張繡時發生的「望梅止渴」的故事來：「征途中酷暑難忍，將士們口乾舌燥，我就用馬鞭遙指著前方一片樹林說，前邊有一片梅林，梅果青青，可以止渴了。將士們一聽『梅果青青』，不覺人人牙酸流涎，嗓子一時竟不渴。今天，我看到這後園的青梅，不由得想起舊事，特地請您來賞梅飲酒。」劉備此時仍是驚魂未定，雖是心不在焉，卻還是故作認真地聽著。

六月的天，孩兒的臉，說變就變。剛才還是大晴的天空，現在卻湧起團團烏雲，急風吹得梅樹刷刷地響，常言「風是雨的頭」，曹操忙拉上劉備躲到小亭子裡。劉備這才發現，亭中已經備好一盤青青梅果，一壺剛剛煮好的酒，知道是曹操早有準備。二人對面坐下，開懷暢飲，天南地北閒聊起天來。

曹操為什麼單單要請劉備來喝酒呢？原來他也是想趁酒後話多的時候，探測劉備的真心，看他是不是也像自己一樣，有不甘人下、稱王稱霸的雄心。

當酒喝得正來勁的時候，曹操發話了：「玄德，您久歷四方，見多識廣，請問，誰稱得上是當今的英雄？」劉備沒有提防曹操突然談這個主題，一時不知他葫蘆裡賣的什麼藥，只好搪塞道：「我哪配談論英雄呢？」可是曹操抓住這個話題不放，又補充一句：「即便不認識，也聽別人說過吧！」劉備見曹操一定要自己說個究竟，心裡已對曹操的用意猜出八九分。於是開始裝糊塗了，他略一思索說：「淮南的袁術，曾經稱帝，可以算作英雄吧！」曹操一笑說：「他呀，不過是墳中的枯骨，我這就要消滅他！」

劉備又說：「河北的袁紹，出身高貴，門生故吏滿天下，現在盤踞四個州，謀士多，武將勇，可以算作英雄吧！」曹操又笑了笑說：「袁紹外表很厲害，膽子卻很小；雖然善於謀劃，關鍵時刻卻猶豫不決。這種做大事怕危險、見小利不要命的人，可算不得英雄。」劉備又說：「劉表坐鎮荊州，被列為『八俊』之首，可以算作英雄嗎？」曹操不屑地說：「劉表徒有虛名而已，也不能算英雄！」劉備接著說：「孫策血氣方剛，已經成為江東領袖，是英雄吧！」曹操搖搖頭說：「孫策是憑借他父親孫堅的名望，算不得英雄。」劉備又說：「那益州的劉璋能算英雄嗎？」曹操擺擺手說：「劉璋只仗著自己是漢家宗室，不過是個看家狗罷了，怎麼配稱英雄呢？」劉備見這些割據一方的大軍閥都不在曹操眼裡，只得說：「那麼像漢中張魯、西涼韓遂、馬騰這些人呢？」

曹操一聽劉備說出的儘是一些三流的名字，禁不住拍手大笑說：「這些碌碌的小輩，何足掛齒呀！」劉備只得搖搖頭說：「除了這些人，劉備我孤陋寡聞，可實在不知道還有誰配稱英雄了。」

曹操停住笑聲，盯著劉備說：「英雄，就是要胸懷大志，腹有良謀。所謂大志，志在吞吐天地；所謂良謀，謀能包藏宇宙。」說罷，他仔細觀察劉備的反應。劉備佯裝不知，故意問道：「請問，誰能當得起這樣的英雄呢？」曹操用手指指劉備，又點點自己，神祕地說：「現在天下稱得起英雄的，只有你和我呀！」一聽這話，劉備不由得心中一震，嚇得手一鬆，筷子掉到了地下。此時，恰巧閃電一亮牽出一串震耳欲聾的霹靂，轟隆隆炸得天都要裂了。劉備彎腰拾起筷子，緩緩地說：「天威真是厲害，這響雷幾乎把我嚇壞了！」曹操透過對世之英雄的一番議論，觀察到劉備聞雷時丟掉筷子的情景，曹操還真以為劉備不但是個目光不夠遠大之人，而且是讓驚雷震掉了筷子的膽小鬼，禁不住哈哈大笑起來。自此，對劉備的戒備也就鬆懈了許多，最終使劉備尋得脫身到徐州的機會。

劉備正是一味裝呆作癡，隱真示假，行韜晦之計，給曹操造成一種假象，使自己的利益在假象中得以保護。

老子說：「魚不能脫離深淵，這樣才能受到保全，國家精良的先進武器不能隨便展示給人們。」

人只有在心中清楚而形似糊塗時才能養精蓄銳，一鳴驚人。

寬心的智慧

心清而形濁，可以養精蓄銳，待時而發。

於細處看清世人

你要看清世人就必須以敏銳的觀察力與良好的判斷力穿透對方表面的慎重與矜持。要測度他人，需要有極強的判斷能力。這是人生中至關微妙的事情。辨別金屬可聽其音，辨別人可聽其言。言辭能透露人的品格，行為能透露人的東西則更多。在這方面欲有所獲，需要極其小心謹慎、深刻的觀察和鑑別能力。

古代，聰明的禪師有很多弟子，有一天，禪院的東西被偷了，所有的弟子都否認是自己偷的。為了弄清事實真相，禪師將弟子們召集到一起，發給每人一根同樣長的木棍，說：「你們把自己的木棍保管好，明天早上拿給我，偷東西那個人的木棍會比別人的長出一寸來。」

偷東西的弟子怕被發現，夜裡悄悄地把自己的木棍鋸掉了一截。

第二天，大家把木棍都拿了出來，偷東西的弟子一看，只有自己的木棍比別人的短一截。他羞愧地哭了。

禪師利用一個小特徵就可以判斷出真正的賊。這是禪師的聰明之處。俗界的眾生同樣可以以此為鑑，來看清世人的內心世界。

魏文侯手下有員將領叫樂羊。有一次樂羊領兵去攻打中山國。這時，恰恰樂羊的兒子正在中山國。中山國國王就把他兒子給煮了，還派人給樂羊送來一盆人肉湯。樂羊悲憤已極但並不氣餒，毫不動搖，他竟然坐在帳幕下喝乾了一杯用兒子的肉煮成的湯。

魏文侯知道後，對堵師贊誇獎說：「樂羊為了我，吃下他親生兒子的肉，可見，他對我是何等的忠誠啊！」堵師贊回答說：「一個人連兒子的肉都敢吃，那麼，這世上還有誰他不敢吃呢？」

樂羊打敗了中山國，凱旋歸來時，魏文侯獎賞了他的功勞。但是，從這開始，總是時時懷疑他對自己的忠心。魏文侯這樣做不無道理，樂羊的自制力過於嚇人，非老謀深算之人不能為之。堵師讚的說法更有道理，因為一個人的行為可以以小見大，有著驚人的內在一致性。

依據此「行為內在一致性」原理，領導者可以以下面辦法鑑定某些言行的真正內涵：

一、你可以發現，論斷他人的人，往往有狡詐的心機，當邪惡壓迫著一個人，對他來說，處理他人的過錯，是較輕而易舉的。就因為這樣，那些說你活該的人，他的咒罵，等於是允許邪惡在他自身的存在。當一個阿拉伯妓女改過自新了一夜，她要求警察逮捕所有的妓女。這種女人的心越是狠毒，她就越易於對準她的同伴。

二、語言是人類溝通的工具，從一個人的言談，就足以知悉他的心意與情緒，但是，若對方口是心非，就令人猜疑了。這種人往往將意識裡的衝動與慾望以及所處環境的刺激，修飾偽裝後，以反語表達出來，令人摸不清實情。

例如，偶遇個性不投的朋友，往往投出社交辭令客套邀約：「哎呀，哪天到舍下坐坐嘛！」其實心裡的本意可能是：「糟糕，又遇上了，趕緊開溜為妙！」這種與本意相反的行為，往往造成內心的不安與恐懼，為求自我安慰，於是一而再，再而三，因循成習。

三、愛發牢騷是一種不能言傳的驕傲和自大，不滿意他人在某方面超越自己。如「拿手術刀的不如拿剃頭刀的，搞導彈的不如賣茶葉蛋的」。這是典型的知識分子牢騷。發牢騷者大多自視清高，當現實中無法保持他們這種優越地位時，就藉發牢騷來宣洩。

四、惡意責備的人多半是想滿足自己的支配慾望和自尊心。他們常愛抓住別人的毛病小題大作，橫加指責，這種人對他人尖酸刻薄，自尊心較強，具有支配他人的慾望。

五、說話好訴諸傳統的人大多思想保守。這種人不管什麼新事物一出現，都好用傳統的東西作為評價標準。這類人多數是經驗主義者，其思想保守、僵化，也表明了其頑固不化的心理。

六、說話好看風使舵的人大多無原則性。在生活中，許多人說話時是以聽話對象為轉移的。他們自己沒有一定的主見，完全是「看人下菜」。契訶夫稱這種人為「變色龍」，他透過同名小說的主人公奧楚蔑洛夫活畫出了這種人看風使舵的嘴臉。這種人真理沒個標準，如果有必要，他們可以朝令夕改，食言而肥。

七、說話含糊不明的人大多數喜歡迎合他人。這種人說同一句話既可作這樣解釋，又可作那樣解釋，含糊其辭，這種人處世較為圓滑。

八、經常對他人評頭品足，論長道短，說明他嫉妒心重，心胸狹窄，人緣不好，心中孤獨。如果他對諸如別人不跟他打招呼之類的小問題耿耿於懷，說明他在自尊心上受挫，渴望得到別人的尊重。有些人常以領導的過失或無能為話題，則表明他自己有想出人頭地，取而代之的願望。

九、有人在說話時極力避開某個話題，這說明他在這方面有隱衷，或者在這方面有強烈的慾望。比如當一個人的心中對金錢、權力或某異性懷強烈的慾望時，很怕被別人識破，於是就故意避開這個話題以掩飾自己的真實用意。

十、與你話家常多半是對方看不出你的真意。交談時，對方先是與你談一些家常話，這表示他想瞭解你的實力，偵知你的本意，試探你的態度，然後好轉入正題。這種人是很有心機的談話對手，值得好好對付。

知人者智，自知者明。要做一個智者，清楚地看清他人，就該學會見微知著。這樣才不至於成為一個真正的傻瓜。

寬心的智慧

真正可以暴露一個人內心世界的，是一些微小的動作或短小的言辭。

一半清醒一半醉

南北朝時，有個叫徐明的傢伙領兵造反，經過烏鎮，燒殺搶掠，百姓逃亡一空。

性空禪師實在看不下去了，就決定親自進入徐明大營為民請命。到了大營的時候，那個徐明正在殺人取樂，見了性空就大聲喝道：「什麼人？到什麼地方去？」

「我是出家人，要到你們賊窩去！」

徐明聽了大怒，喝令手下道：「哪來的瘋和尚，拖出去砍了餵狗！」

性空禪師毫無懼色，對徐明說：「要頭就砍去，不必發怒。不過我還沒有吃飯，總不能讓我做餓死鬼吧！請給我一頓飯，作為我的送終飯如何？」

徐明故意叫人拿來豬肉菜給他。他也不管是什麼，首先一本正經地念起供養咒來，然後大吃大喝。叛兵們看了，都在一旁哈哈大笑。

徐明喝道：「你這個草包和尚，喝酒吃肉不算，還在這兒假正經，該殺一萬遍！」

性空禪師毫不理睬，大聲說了一首偈子道：「劫數既遭離亂，我是快活烈漢；如今正好乘時，便請一刀兩段。」

然後大呼三聲「來！來！來！」

徐明見性空禪師如此慷慨豪邁，不僅不殺他，反而向他謝罪，派兵護送他回山，並勒令部下不再騷擾百姓。

附近的老百姓也因此得以保全，遠近人等更加敬重性空禪師這位「慷慨烈漢」。

人人都知道出家人以慈悲為懷。不殺生，不吃肉，否則就是在破戒，是要受到佛祖的懲罰的。但這位性空和尚為了救芸芸眾生甘願破戒受罰可謂大義大勇。而從另一方面去看性空和尚的所作所為，則就該是靈活處事的問題了。我們的生活中處處都有規則、處處都有規定，一般來說都應該嚴格遵守的。但遇到緊急情況時，假如你仍然照章辦事，估計你不僅得不到表揚，反而會受人嘲諷。所以，規則是規則，必要時還得清楚哪些事是不能按規則去做的。就拿管理者對待人才來說吧，上等人才，有本事沒脾氣，管理者能擁有這種人才當然是幸運加幸福。但這種人才太少，更多的是那種有本事有脾氣的特殊人才，如何選擇、使用、管理對於管理者來說，具有很現實的意義。

對於非一般的人才，當然應該運用非一般的管理手段，正如性空禪師為了規勸造反頭子，用的是吃肉破戒的方法。但對於有能力有脾氣的人才，用這種方法加以管理，估計只會適得其反。

所以，對於特殊人才的管理，大前提是審時度勢，寬嚴有度，原則性與靈活性相結合。要「一半清醒一半醉」，該管的要管、不該管的事就不要管。

做人也是一樣，該認真的時候一定要認真，但認真解決不了問題的時候就不妨裝得糊塗一點。再說，糊塗一點也不會讓自己活得很累，何樂而不為？

寬心的智慧

一半清醒一半醉，真真假假，假假真真，這生活才叫生活。

六根清淨方為道，退步原來是向前

五代後梁高僧契此，俗稱布袋和尚，他曾經作過這樣一首偈子：

「手把青苗插滿田，低頭便見水中天。
六根清淨方為道，退步原來是向前。」

很多人初讀這首禪偈，往往會迷惑於後兩句的涵義。前兩句只要是見過農人耕田或者親自插秧的人，一定能體會到禪偈中的意境。但如何做到「六根清淨方為道」？何謂「退步原來是向前」呢？

農人插秧，一面插青秧，一面往後步步退。正因為他手拿著青秧一步步地退，退，退到田邊，退到最後，他就把所有的秧苗全部插好。大家知道，插秧必須低頭和退步。正因為低頭，便能看清楚水田中倒映的天光；正因為倒退著插秧，雖然是退步，實則是向前。

清淨，不只是物外的安靜、清徹，更是自己的內心乾淨，所謂「時時勤拂拭，莫使惹塵埃」，不如「本來無一物，何處惹塵埃」來得自然、安詳，更能使自心清淨。

一般人認為，失敗、不成功，才會向後退。但是，倘若換一個角度看世界，暫時退一步，從頭來將自己不熟練的部分先完成，把基礎紮穩，以後的路才會越走越順暢。這樣豈不是加速向前？也就是「退步原來是向前」的道理淺釋所在了。

農人種稻，手裡拿著滿把的稻苗在插秧，低頭彎腰，倒退著身子，一步步順次地把秧插進水田。低頭彎腰倒退插秧的農人，低下頭來才能看到倒映在水裡的青天以及水中的自己（低頭看到自己的本性）。水中天如鏡，人要自覺自悟，使本性清澈顯見，才能夠「六根清淨方為道」，使自己的眼、耳、鼻、舌、身、意六根，不被外面的色、聲、香、味、觸、法六塵污染，那麼，你若能時時保持自性的清淨，這就是道，就是修行了。

實際上，放下愈多，獲得的更多。進一步，也許你心中的掛念少了，心較能平靜地思考，智慧自然能產生於其中。不必很刻意、很強求自己一定一直向前衝。

有些時候，退讓並不是完全的消極，反而是一種積極的進取。若與人相處，斤斤計較爭執，互相排擠詆毀，最終能成就什麼？倒不如退一步海闊天空，尋求更大的成功。誠然，在恰當的時機，暫停一下，回顧過去的足跡，有什麼需要修正的，規劃一下未來，如何才能更加地無怨無悔？這不但需要智慧，更需要有定力。

由此得知，雖是退後，實含積極、進步與開拓的一面。退後是一種轉化，往往將危機化成轉機。做人處世能夠適時「低頭」，更能表現謙讓與包容的偉大胸襟。因此，心中能經常保持寧靜與平和，思想也將更為明睿與清靈。

布袋和尚這首詩的末句，借插秧時以「退」為「進」，暗指為人處世，處處謙讓忍受，行「退一步」之法，這首詩偈看起來很淺白，實則深藏豐富人生哲理的一首禪詩，深蘊禪機佛理，對尋常人來說，這首詩亦禪亦道，真可謂是比喻貼切，要言不繁。

你注意過沒有，船舶前行，雙槳卻往後划動。看船夫點篙，或者雙手順著竹竿一節一節地後移，或是身體抵著竹竿在船邊一步一步地往後走。箭拉得越往後，射出的距離越遠。一支蠟燭亭亭地立著，一豆光亮使它不斷地消減自己。

「青青秧苗，皆是法身」，農人幾千年來就以美麗而謙卑的姿勢實踐著。那美麗的姿勢轉化成金黃色的稻穗，那彎腰的謙卑則化為懸懸垂首的稻子，在土地中生長，從無到有，無中生有，後退的美麗和美麗的後退，時常相伴著人們，啟人哲思。

一般人總以為人生向前走，才是進步風光的，而這首禪詩卻告訴我們，退步也是向前的，退步的人生更是向前，更是風光的。「以退為進」，「萬事無如退步好」，在功名富貴之前退讓一步，是何等的安然自在！

寬心的智慧

在人我是非之前忍耐三分，是何等的悠然自得！這種謙恭中的忍讓，才是真正的進步，這種時時照顧腳下，腳踏實地地向前才至真至貴。

在狹窄的小路上要留一點餘地讓別人走

《菜根譚》中寫道：「路徑窄處留一步，與人行；滋味濃的減三分，讓人嘗。此是涉世一極樂法。」「爭先的徑路窄，退後一步自寬平一步；濃艷的滋味短，清淡一分自悠長一分。」意思是說：在狹窄的小路上行走，要留一點餘地讓別人走；遇到美味可口的食物，要留出三分讓給別人吃。這就是一個立身處世最安全快樂的方法。與人爭強好勝時就覺得道路很窄，假如能退後一步讓人先走，自然覺得路面寬平很多；太過濃艷的味道容易使人膩味，是短暫的，假如能清淡一分，自然會覺得滋味歷久彌香。

明代才子馮夢龍在《廣笑府・尚氣》篇中記載了這樣一則故事：

從前，有父子二人，性格都非常剛直，生活中從來不對人低頭，也不讓人，且不後退半步。一天，家中來了客人，父親命兒子去集貿市場買肉。兒子拿著錢在屠夫處買了幾斤上好的肉，用繩子串著轉身回家，來到城門時，迎面碰上一個人，雙方都寸步不讓，誰也不甘心避開，於是，面對面地挺立在那兒，相持了很長時間。

日已正中，家中還在等肉下鍋待客飲酒，做父親的不由得十分焦急起來，便出門去尋找買肉未歸的兒子。剛到城門處，看見兒子僵立在那兒，半點也沒有讓人的意思。父親心下大喜：「這真是我的好兒子，性格這麼剛直。」又大怒：「那是什麼人，竟敢如此放肆？」他竄步上前，大聲說道：「好兒子，你先將肉送回去，陪客人吃飯，讓為父的站在這兒與他對抗！」

話音剛落，父親與兒子交換了一個位置，兒子回家去烹肉煮酒待客；父親則站在那個人的對面，如怒目金剛般挺立不動。惹得眾多的圍觀者大笑不止。

一般而言，性格剛直者在處世中不易吃虧，受人欽佩，但太剛直了會走向反面，這種人往往固執己見，嚴守自我的做人準則，不退讓，不變通，沒有半點柔弱的氣象。

人生在世，無一點剛直之氣是不行的，尤其是應該心有所主，擁有一些確定的做人的準則。這樣，人們可勇氣倍增，可與人抗爭、與社會黑暗的東西抗衡，凸顯出自我的個性和風貌。

但是，剛直並不是賭氣，不是去追求無益的個人「勝利」，就像馮夢龍先生筆下所敘述的這對剛直的父子，僅僅為了避讓的小事，就與人對著幹，不管其他的事，這就由剛直走向了蠻幹，久之會引起別人的厭惡，最終會在人生旅途中碰得頭破血流。

在這方面，被譽為「普賢化身」的拾得禪師的理念就非常有見地。

唐代豐干禪師，住在天台山國清寺，一天，在松林漫步，山道旁忽然傳來小孩啼哭聲音，他尋聲一看，原來是一個稚齡的小孩，衣服雖不整，但相貌奇偉，問了附近村莊人家，沒有人知道這是誰家的孩子，豐干禪師不得已，只好把這男孩帶回國清寺，等待人家來認領。因他是豐干禪師撿回來的，所以大家都叫他「拾得」。

拾得在國清寺安住下來，漸漸長大以後，上座就讓他擔任行堂（添飯）的工作。時間長了，拾得也交了不少道友，尤其與其中一個名叫寒山的貧子，相交最為莫逆。因為寒山貧困，拾得就將齋堂裡吃剩的渣滓用一個竹筒裝起來，給寒山背回去用。

有一天，寒山問拾得說：「如果世間有人無端的誹謗我、欺負我、侮辱我、恥笑我、輕視我、鄙賤我、惡厭我、欺騙我，我要怎麼做才好呢？」

拾得回答道：「你不妨忍著他、謙讓他、任由他、避開他、耐煩他、尊敬他、不要理會他。再過幾年，你且看他如何。」

寬心的智慧

拾得禪師強調的正是「退後一步自寬一步」的處世原則。

自願做「壞人」更容易與人相處

星雲大師指出，人與人相處之道，看起來很難，但下列四點意見只要你做到以後，必能受益無窮：一是你好我壞，二是你對我錯，三是你大我小，四是你有我無。

在一般人的觀念裡，都不喜歡「你好我壞」，而喜歡「我好你壞」。但如果你什麼都好，別人都壞，人家會願意和你交往嗎？所以，有時讓別人做好人，自己當壞人，反而能獲得別人的同情與好感。

比方說：有兩戶人家，張姓人家經常吵架，李姓人家卻是相安無事、和樂融融。張家因此問李家，是什麼原因使家裡能不發生爭吵？李家回答說：「因為你們家都是好人，所以吵架；我們家人都是壞人，因而不吵架。」

為什麼呢？舉個例子說：桌上放了一個茶杯，張家有人打破了，他不承認自己錯誤，反而責怪放茶杯的人。同樣地，放茶杯的人也說：「茶杯是我放的，誰叫你打破了？」全家人都要做好人，都不承認自己錯誤，因此就爭吵不休了。

李家的人則是自願做壞人，打破的人立刻就說：「對不起！對不起！是我不小心把茶杯打破了。」而放茶杯的人也會說：「不能怪你，是我不應該把茶杯放在桌上。」如此一來，李家的每個人都願意承認自己的錯誤，所以也就不吵架。

總之，如能做到「你好我壞」，便可解決很多的紛爭與問題。此外，「你好我壞，你對我錯，你大我小，你有我無」，看起來似乎很難實行，實際上，只要你去實踐，就能發現其中蘊藏了許多微妙的道理。

人是群居的動物，在家庭裡有父母兄弟，學校裡有老師同學，單位裡有上司同事，街道上人和人摩肩擦踵，所以不管你走到哪裡，總離不開人群。在人群中要想與人和睦相處，必須要把握一定的原則：

一、忍一句，禍根從此無生處

古人說：「喜時之言多失信，怒時之言多失禮。」一個人在盛怒時所說的話，容易傷害到別人，也容易造成摩擦，所以如果我們能忍一時之氣，就不會造成無謂的紛爭。就像拳頭，不要急著打出去，才能凝聚力量；眼淚，不要輕易流出來，才是真正的悲憤。一時的氣話往往造成不堪設想的後果，因此千萬不要在盛氣之下輕易發言，能忍一句，自然禍根從此無生處。

二、饒一著，切莫與人爭強弱

憨山大師說：「何必爭強來鬥勝，百千渾是戲文場；頃刻一聲鑼鼓歇，不知何處是家鄉。」人生就像一場戲，儘管劇中曾經風光、繁華過，一旦落幕，一切歸於寂靜。所以，在人生的舞台上，實在沒有什麼值得爭強好勝的。有時候，讓人一步就是自己的勝利。所以，做人要有「得饒人處且饒人」的涵養與心量。

三、耐一時，火坑變作白蓮池

忍，不是懦弱的表示；忍，是勇者的象徵。一個人能夠忍耐一時，堅持下去，縱使一時的不如意，終將成為過去。縱然處身「火坑」，也會因你的忍耐而變成清涼的蓮池。所以，我們與人相處，只要能忍耐，就能轉逆境為順境。

四、退一步，便是人生修行路

人生的旅途上，不一定要每一步都向前。回頭是岸，能退一步想，海闊天空；凡事退一點，不但留給別人一點餘地，也是自己的一種修行。

寬心的智慧

有時讓別人做好人，自己當壞人，反而能獲得別人的同情與好感。

要儘量以慈愛去代替憤怒

對他人心生忿恨，是我們所能體驗最不愉快的情緒反應。如果我們生氣的對象是物體，這種情緒是微弱的、不重要的，而且不會深深地烙印在心底。就在我們對於某人的忿怒爆發之前，似乎完全沒有改變的可能時，唯有以慈愛代替憤怒才能夠改變。人們時常理直氣壯地說：「我都在氣頭上了，怎麼還能夠給那個人慈愛？」

這時候，就必須有一些心理上的技巧。也就是說，瞭解憤怒是毫無用處的。憤怒不但會令自己不悅，更會造成他人的不悅。不僅如此，憤怒也造成心靈上的缺口，讓憤怒越來越容易出現。

這也就是我們為何時常發現，有些人的脾氣相當怪異的原因，在他們身旁發生的每件事物都變得不和諧。因為他們心靈中負面的缺口，已經深到無法填平的程度，所以，他們再也無法得到快樂。

瞭解了這些危險之後，當面對著令我們感到氣憤的人之時，要記得試著往那個人曾說過或曾做過美好的方面去想。

這樣做往往是很有效的。因為只要我們對於此人的認識夠深，應該能夠想起關於他美好的一面。每個人都偶爾做過好事，在他們心中也都會有善心，要將這些信息牢記在我們心中。

如果我們已經憤怒到無法想起他們任何良善的一面，那麼，就記得憤怒者的行為總是極為低劣的。一個快樂的人，他的行為或言語總是令人感到愉快，而不會使他人生氣。所以，你所氣憤的人們，明顯地會感受到不悅，他們也正在受苦。

如果我們不但憤怒到無法想起他們任何良善的一面，而且也無法體諒他們的苦楚，我們還能夠試著以一位母親的心態對待他們。他們的母親當然會疼愛他們。

寬心的智慧

所有心靈上的改變都是會有成果的。或許每次都要花點時間才會成功，但是只要不斷地練習，養成一種習慣，當成為後天養成的天性，就能夠改變我們原本的天性了。

憤怒，雖然還是會出現，但往往不再具有重要性和威脅性，因為我們已經學會去改變了。

5

做一個善良本分品德高尚的人

對於現代人來說，要想成功地做事，首先要學會做人。要每日德業兼修，不斷進取，不斷完善自己的品格。

名聲與尊貴來自於品德和才學

在佛經中有這樣一段話：「不洗澡的人，硬擦香水是不會香的。名聲與尊貴，來自於真才實學。有德自然香。」

這裡所說的德，是指道德。道德一詞由來已久，早在二千多年以前，我國古代的著作中就出現了「道德」這個詞語。

「道」表示事物運動變化的規則，「德」表示對「道」認識之後，按照它的規則把人與人之間的關係處理得當。在我們這個講究文明禮儀的國度裡，千百年來，人們一直重視道德問題。按照現代的解釋，道德是一定社會、一定階級向人們提出的處理人與人之間、個人與社會之間各種關係的一種特殊的行為規範。它以善惡評價為標準，因此總是揚善抑惡；它依據社會輿論、傳統文化和生活習慣來判斷一個人的品質，依靠人們自覺的內心觀念來維持，所以，與法律相比又有明顯不同。

道德觀念存在於每一個人心中，是是非非，總有一個評價的標準。即使是故意踐踏這個標準的人，也明白其中的道理。因為良心在每個人心中都存在，只是看它在人的行動中佔據著什麼位置。如果始終佔據著支配地位，這個人是講究道德的；如果邪念佔據了主導，則道德觀念也會隨之消失。人們在日常生活中所說的「缺德」、「無德」就是對一個人道德操守的一種評判。

人生活在社會之中，總是要與別人或者是人的群體打交道，離開社會，人就無法生存。人與人之間相處，除了法律的規定外，很重要的一點就是道德的規範問題。道德的核心說穿了，是人與人之間的利益協調問題，也就是在獲取個人利益的時候，是否考慮到他人、整體、單位和社會的利益。

毫不利己，專門利人，是一種高尚的道德性為；損人利己，甚至損人而不利己，是一種不道德的行為。人的道德水準關乎人的品質，也是一個人的標籤之一，直接關係到人的名聲。

道德高尚的人，講究道德修為的人，自然是德高望重，會贏得人們的尊重和敬佩；不講道德的人，自私自利，凡事首先考慮自己的人，靠損害別人而滿足自己慾望的人，是不會得到人們的敬重和欽佩的。這種人在社會中是難以得到大多數人的贊同、支持和擁護的。因為自私自利總是與醜惡骯髒的心理聯繫在一起，為多數人所不齒。

道德不是高不可攀的學問，它就在我們身邊，伴隨著我們日常生活中的一切事情，貫穿於我們每一個人的言行中。

官有官德，民有民德。不論為官還是為民，做事情總得要有個遵循，這個遵循的底線就是道德。做官者應清正廉潔，主持公道，勤政為民；為民者應該熱心助人，積善行德，多做善舉義舉。這樣長期堅持，就會有一個好的名聲，這個名聲就是人們的公共評價。每一個人都有評判他人的權利，每一個人都是道德法庭的審判者。

俗話說得好：誰人背後不被說，誰人背後不說人。對待某一件事物，人們會用心中的美醜與善惡、高尚與卑鄙、光榮與恥辱的標準進行判斷評論，這就是社會輿論，也是通常所說的「口碑」。就像不洗澡的人硬擦香水不會給人以清香一樣，沒有真才實學，沒有實在的作為，靠弄虛作假而想沽名釣譽地贏得別人的尊敬也是不可能的。

寬心的智慧

人生有德自然香，說出了一個人道德修養的重要性，也為我們道德修行提供了座右銘。

以修身為本，全面提高自身的素質

人生在世，誰不想做個有福之人？但是，怎樣才能使人生多福呢？

中國古代思想家對個人的道德修養給予特別的關注，把它作為政治學說和人生理論的一個重要組成部分，把德性與事業看作人生追求不可分割的兩個方面，強調德是事業的基礎。立業如果不注重品德，事業就沒有根基。

古人說：「德，福之基也。」「有德是樂。」可見，福源之於德——道德，品德，也就是閃耀著人格光彩的高尚美德、情操和立身之道。德乃福之本，有德才會有福。

有德之人，對人生有與眾不同的思考和判斷，對生活有深刻而豁達的見解，「心底無私天地寬。」遇事想得開，放得下，沒有小肚雞腸帶來的煩惱，沒有功名利祿的拖累，活得輕鬆，過得自在，這是一福。

其次，有德之人追求清高的境界，廉潔自律，不與追名逐利者同流，不與貪婪庸俗者合污；不利用手中之權去謀一己私利，不會貪得無厭，巧取豪奪，明拿暗要，勒索賄賂。因此，腳跟正，脊梁直，仰不愧於天，俯無愧於地，活得坦蕩泰然，睡得香甜安穩，沒有「東窗事發」之憂慮，既利國利民，又利於自己的身心健康，這是第二福。有德之人，克己奉公，全心全意為民眾謀利益，美德留傳後代，這是第三福，也是最大之福。

君不見，栽倒在財上的人古今不絕，在物慾橫流的社會環境中，稍有不慎就會有失足遭禍的危險，甚至帶來滅頂之災。唯有「德」這張盾牌，可以抗拒誘惑，去災免禍，使人真正幸福快樂。

要奉行良好的道德，首先要努力真誠做人。真誠做人，保持本然人品，是做人的起點，也是人品的極致。《菜根譚》中說：「文章做到極處，無有他奇，只是恰好；人品做到極處，無有他異，只是本然。」一個人的思想、品格、言行，都要發自內心、自然而然地表現出來，不能為了某種功利的目的矯揉造作，掩蓋自己的真實面目，扭曲自己的本性。真誠的反面是虛偽，自欺欺人，靠戴假面具過日子。真誠坦率的人不失本色，自然有感人的力量。虛偽矯飾的人一生都在演戲，給人留下偽佞可憎的形象，自己也喪失心靈的本性，忍受心理上的折磨。

正直也是做人的本分。正直人品表現為襟懷坦白，秉公持正，堅持原則，剛正不阿。正直的反面則是偽善狡詐。正直的人，對人對事公道正派，言行一致，表裡一致。

虛偽狡詐的人偽善圓滑，曲意逢迎，背信棄義，拿原則做交易。正直和真誠是互相緊密聯繫的，只有真誠才能正直，反之亦然。觀察一個人，可以把這兩個方面聯繫起來，看他是真誠直爽，還是虛偽圓滑；是光明正大，還是陰險詭詐。這是區別人品的重要標準。

無私是真誠、正直、仁厚的思想基礎。古人的所謂「有欲甚則邪心勝」、「君子坦蕩蕩，小人常慼慼」等，都是說做人要做到真誠、正直。

做人要誠實，說老實話，做老實事，做老實人，不能靠矯飾偽裝過日子。靠矯飾偽裝、戴假面具過日子的人，「白日欺人，難逃清夜之愧赧」；「對人則面目可憎，獨居則形影自愧。」他們不僅令人憎惡，自己也活得很累。因為他們時時提防假面具被人戳穿，或者受良心的譴責，經常處於緊張戒備的狀態，很難獲得心理上的輕鬆、安寧與平衡。

誠實有巨大的人格感召力。一個人沒有半點虛假隱瞞的東西，說話誠實，做事誠實，內心誠實，才會令人信服。所以誠實可以消除隔閡，化解矛盾，促進人際關係的和諧團結。

古人有「精誠所至，金石為開」的格言。這是說精誠的力量可以貫穿金石，何況人心呢！至誠之心的確有巨大的精神力量。諸葛亮對孟獲七擒七縱，終於使孟獲心悅誠服，便是一個有說服力的例證。

今天，我們仍然要實行誠實待人的原則。上級要以誠對待部屬，父母要以誠對待子女，企業經營者要以誠對待顧客，每一個人都要以誠對待同事和朋友。以誠待人，才能得到友誼和真情，得到別人的信任和尊敬。人際交往如果離開誠實的原則，人與人之間互相欺騙，爾詐我虞，那麼，人世間便不會有真情友誼，不會有團結親密的人際關係了。

在現實生活中，人人都有理想和追求，毫無理想追求、渾渾噩噩過日子的人總是少數；但不重視修身的卻大有人在。結果理想追求和自己的思想、知識、能力相矛盾，難免在現實生活中碰壁，被社會淘汰。

寬心的智慧

許多人懷才不遇，憤世嫉俗，是社會埋沒了他；真實真正有德有才，不放鬆自己的修養和要求，終會被人識寶。

善心是人生在世最不能缺少的東西

一天，一位哲學家問他的許多學生：「人生在世、最需要的是哪一樣東西？」答案有許多。但最後有一位學生說：「一顆善心。」

「正是。」那哲學家說，「在這『善心』兩字中，包括盡了別人所說的一切。因為有著善心的人，對於自己，則能自安自足，能去做一切與己適宜的事；對於他人，則是一個良好的侶伴，可親的朋友。」

在一切道德品質之中，善良的本性在世界上是最需要的。馬克・吐溫說：「善良，是一種世界通用的語言，且盲人可感之，聾人可聞之。」善良的行為使人的靈魂變得高尚；慈善的行為比金錢更能解除別人的痛苦。

明朝初年，寒山寺裡出了一位神醫叫慧閒，不管什麼疑難雜症，他都能藥到病除；就算是危重病人，他往往也能妙手回春。莫非，他有包治百病的靈丹妙藥？他說：「這個世界上哪有什麼包治百病的靈丹妙藥！只不過我對病症診斷得準確，能對症下藥罷了。」

是啊，對於疾病說來，只要藥性對症，一把茅草即是妙藥；若是不對症，靈芝、人參也是毒藥！

更難得的是，慧閒對於上門求醫的人，不論貧富，一視同仁，都盡心治療。因此，鄉下百姓稱他為「活菩薩」。他之所以被稱作「活菩薩」，還有一個原因，那就是因為在明末清初的動盪時期，他為了躲避戰亂，跑到附近的天寧寺禪院去出家。

俗話說：「半路出家也能成佛。」他成佛不成佛沒人知道，人們知道的是，他在寺院參了幾年禪，從一個無名郎中，一躍成了常州城最高明的醫生。同行們百思不得其解：他在寺院參禪念佛，長期未行醫看病，為什麼醫術不但沒有荒廢，反而得到了突飛猛進的提高？真是難以置信！莫非他在寺院裡遇到了奇緣？像傳說中的那樣，得到了世外高人或佛菩薩的點化？

曾經有同行向他請教其中的訣竅。他說：「給人看病，要善於使用藥引子。比如，鄉下人來城裡看病，一定要先給他食用一些點心；而貧窮的病人，不但要施捨醫藥，還要奉送他一些錢糧。因為……」

不等他說完，同行拂袖而去：有點心，我還孝敬老婆、兒子呢！送給病人錢糧？我還開診所幹什麼！你不肯說出祕訣就算了，何必要戲弄人？

他只能苦苦一笑，因為，這是他之所以成為神醫的訣竅。鄉下百姓進城來看病，要走很遠的路，一定又累又餓，所以血脈十分紊亂。若是此時把脈，怎能準確診斷出病症呢？而給他茶點充飢的同時，讓他稍稍休息一會兒，脈象就穩定下來，就能把準病情的細微差別了，進而精確用藥，藥到病癒。而貧窮人家的病人，體質肯定虛弱不堪，無法發揮藥物的作用。所以，在治病的同時，必須同時補充營養。

寬心的智慧

做醫生，要有一顆善良的心，才能取得最好的治療效果。實際上，各行各業的人，都需要有一個善良的心，才能把工作做好，才能促進社會的和諧。

修練深厚的內功，學會處驚不亂

心越禪原籍杭州金華府浦陽。康熙七年，他三十歲時，前來拜謁翠微閣堂禪師。師父讓他常住禪堂，參究趙州「狗子無佛性」話頭。他整整參了三個年頭，終於明心見性，得到師父的印可。隨後，他漂洋過海，東渡到日本長崎。

當時，長崎有三大寺：興福寺（或南京寺）、福濟寺（或漳州寺）、崇福寺（或福州寺）。這裡是中日貿易、交往的中心，兩國高僧雲集，禪德巨碩。然而，心越禪師卻能很快出乎其類，拔乎其萃，可見其修證非同一般。不是麼，他那奧妙無窮的禪機法語，連當時全日本大名鼎鼎、大權在握的水戶將軍都為之感動，數次派人，誠摯懇請心越禪師到水戶來，以便隨時請教。

心越禪師到水戶後，按照禪宗叢林格局，對天德寺進行了徹底改造，重新命名為祇園寺。心越為開山祖師。

心越禪師的佛理果然精湛，尤其是他那精闢的禪機，每每讓水戶將軍折服得五體投地。然而，水戶將軍畢竟是全日本最為有權勢的人物，佔上風慣了，所以總想挫一挫心越禪師的鋒芒。有一天，他忽然想到，佛門中人，心最軟，一定也最膽小，所以……他眉頭一皺，計上心來，將下屬找來，如此這般吩咐了一番。

那天，心越禪師被請到府中，設素齋款待。席間，水戶將軍以茶代酒，親自為禪師斟了一杯。心越禪師雙手剛剛接過茶杯，舉杯將飲未飲之際，突然，驚天動地一聲巨響：

「轟——！」

大地震顫，房屋搖晃，桌上盤、碟叮噹作響……

原來，這是水戶將軍預先讓部下在隔壁房間潛伏下來，伺機以炮聲驚嚇心越禪師的。炮聲驟然響起，水戶將軍以為毫無準備的心越即使不嚇得屁滾尿流，起碼也會失手跌落茶杯，撒一身茶水。誰知，心越面不改色心不跳，甚至連眉頭都沒皺一下，神情自若地將茶水一飲而盡。

水戶將軍疑惑不解，試探著問道：「禪師，對不起，剛才是我的部下在操練槍炮。他們不知您來做客，失禮了，是否驚嚇著你了？」

心越禪師心明若鏡，心靜如水，淡淡一笑，說：「操槍弄炮，是你們軍中常事。沒什麼，我並不覺得奇怪，更不會受到什麼驚嚇。」

說著，心越禪師倒了一杯茶，回敬水戶將軍。將軍舉杯，就在茶杯將要觸及嘴唇之時，心越大喝一聲：「嘿！」

這一喝，如獅吼曠野，虎嘯山林，猝不及防的水戶將軍驚得手腳顫抖，杯中茶水傾撒了一身。水戶面帶慍色，問道：「禪師，你這是幹什麼？」

心越禪師說：「如同你們軍人操槍弄炮一樣，棒喝是我們禪宗的常事，將軍覺得有什麼不對嗎？」

水戶將軍本想挫折心越禪師的鋒芒，結果自己出了洋相。他對禪師處驚不變的從容鎮定深感敬佩。不過，他百思不解的是，僧人整天住在安靜的寺院裡，何以對突如其來的炮聲毫無懼色？

心越告訴他，這就是禪僧坐禪修行而形成的禪定之力。人的心靈有此力定持，五雷轟頂而不驚，美色誘惑而不亂，無故羞辱而不怒，厄運降臨而不怨。

臨濟宗第八代高僧翠巖可真說：「臨陣不懼生死，是將軍之勇；進山不懼

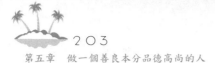

虎豹，是獵人之勇；入水不懼蛟龍，是漁人之勇。」為了人生的成功，我們要修練深厚的內功。

寬心的智慧

要學會勇敢，學會堅強，學會沉著，學會有條不紊，學會處驚不亂。

慈愛、儉樸和懂得謙讓

中國古人非常重視「居安思危，防微杜漸」，在修身方面也是如此。

孔子曾提出過「修身、齊家、平天下」的主張，這一主張得到了歷代仁人志士的響應。史實證明，欲成就一番宏大的事業，不在修身方面下足工夫是不行的！

朱棣當上皇帝後，是個事無鉅細一概過問的人，但事情管得過多，就顯得有些應接不暇。可他認為，皇位得來不易，應居安思危，防微杜漸，因此事事都應過問，惟恐有所失誤。

一天，朱棣在看四方奏牘，精神過度集中，御案上一個鎮紙金獅被碰到案邊，險些掉到地上。站在一旁的給事中耿通連忙上前，將金獅往裡邊移了移。朱棣立刻同剛閱讀奏疏上的國家大事聯繫了起來：「一個小小的東西，放在不穩定的地方就危險，放在穩妥的地方就安全。」他指著那尊鎮紙金獅感慨道：「天下是最重要的『大器』，更應放在安全的地方。怎麼可以放在危險的地方呢？即使天下太平，也不可忘了危險。所以，在小事上必須謹慎。小事上如果不謹慎，長此以往，就可能招致大的禍患。」

於是，為了天下這一「大器」，朱棣不敢有絲毫的懈怠。他處處克己，以求天下之治。他把大臣送上的《大學正心章講義》反覆讀了多遍，特別欣賞其中靜心寡慾的道理，認為做皇帝的尤其不能有所好樂，應該儘量做到心靜而虛。

由於上朝時忙於政事，往往來不及靜思，退朝後則容易放鬆自己，朱棣便經常默坐冥想，以管束自己的欲心。他將欲心與天下聯繫在一起：「為人君，但於宮室、車馬、服食、玩好無所增加，則天下自然無事。」一想到天下，他頓時警覺起來，克己之心便佔了上風。

一次，朱棣派宦官去山西採辦東西，但事後很快感到後悔，立即下令停辦了。外國使臣朝貢玉碗，他拒而不受，讓禮部賜鈔遣還。對於這類平日不用，府庫中又已有的東西，儘量限制，免得人們察其所好，爭相進獻，於國事無益。

朱棣的生活很儉樸，有時候上朝穿的內衣都破舊了，甚至衣袖外露，補補還穿，侍臣看到後常讚頌其「聖德」。他這樣做，當然主要是給臣屬們看的，他怕宮中奢侈，百姓生怨而致使天下不穩。

朱棣每年只有正月十一日至正月二十日這短短的十天休息日，其他時間幾乎沒有假日。

朱棣居安思危，勵精圖治，使他在位時期的經濟有所發展，給他的子孫時期的「仁宣之治」打下了堅實的基礎。

在如何學會做人和不斷提高自己的道德水平方面，老子的主張非常值得參考。他說：「我有三寶，持而保之，一曰慈，二曰儉，三曰不敢為天下先。慈故能勇，儉故能廣，不敢為天下先故能成器長。」他指出：天下人能說「我道」偉大，不像任何具體事物的樣子。正因為它偉大，所以才不像任何具體的事物。如果它像任何一個具體的事物，那麼「道」也就顯得很渺小了。我的這三件法寶第一件叫做慈愛；第二件叫做儉樸；第三件是不敢居於天下人的前面。有了柔慈，所以能勇武；有了儉樸，所以能大方；不敢居於天下人之先，所以能成為萬物的首長。

「慈」，就是對人要慈善。身體強壯的不要欺負弱小的同伴；職位高的不要欺負職位低的；正常的人不要歧視有殘疾的朋友，這樣別人就會覺得你正義，和藹可親。還要尊重上司和長輩，同事有問題和困難，也都願意找你幫忙，你也能夠承擔起比較重的責任，周圍的人自然喜歡你。

「儉」，就是說生活要儉樸。有的人可能會說：「家庭條件不好當然要儉樸了，我家富有，浪費點無所謂。」那可不能這樣，家庭富有，生活條件過好一點那是應該的，浪費那就不可取了。有些年輕的學生吃的山珍海味，穿的名牌，來回有車接送，所以就變得非常高傲，誰也瞧不起，不好好學習，不愛護、珍惜周圍的物品，時間一長，就養成很多壞習慣，繼續這樣下去，必然會成為家庭和社會的負擔，每個老師和家長肯定都不會喜歡這樣的學生。

相反呢？儉樸的同學能看到別人的優點、長處，虛心學習同學的優點，還能幫助其他同學搞好學習，能把自己好的學習方法介紹給同學們，幫助老師家長做些事情，這樣老師家長自然也喜歡、高興。

「不敢為天下先」。是要懂得謙讓。經常幫助別人，做了好事也不聲張，評先進的時候，把名額主動讓給其他同事，這些別人一定會看在眼裡，記在心裡，有機會的時候，大家一定會報答你，你在職場的順利發展就有了良好的基礎。如果你真的做到了這樣，那會有什麼結果呢？

寬心的智慧

古人說：「天將救之，以慈衛之。」就是說，當你遇到困難時，所有的人都會幫助你，用慈愛之心保護你、照顧你，所以有禍，也能躲過去。

千萬不可有鑽道德和法律漏洞的企圖

老子有這樣一句名言：「天網恢恢，疏而不失。」它啟示我們，為人要正直，為官要廉潔，尤其是要慎獨，千萬不可有鑽道德和法律漏洞的企圖。

楊震是宏農華陰（今屬陝西）人，曾執教講學二十餘年，年五十歲始出仕，歷任荊州刺史、涿郡太守、司徒、太尉等職。

楊震是大器晚成，雖五十歲才當官，但官運亨通。按說，這麼大的年紀才當上官，是很不容易的，用今天某些貪官的話講，有權不用就會過期作廢。但他卻為政清廉，無私無畏，眼裡容不得半點沙子。

他在出仕東萊太守期間，因公務途徑昌邑。縣令王密本是荊州的茂才，曾得到楊震的推薦。一天，夜已很深，王密謁見楊震時，從懷裡取出金石斤相贈。楊震不但不接受，還批評說：「我和你是故交，關係比較密切，我很瞭解你的為人，而你卻不瞭解我的為人，這是為什麼呢？」王密說：「現在是深夜，無人知道。」楊震說：「天知、神知、我知、你知，怎能說無人知道呢？」受到譴責後，王密十分慚愧，只好作罷。楊震「暮夜卻金」的事，古今中外，影響很大，後人因此稱楊震為「四知先生」。

楊震不接受私人饋贈，是不是他的薪水很高呢？不是。楊震的生活並不富裕，他的家人，經常吃青菜和粗糧，出門也都是以步代車。親朋故舊誠意勸他，要他為自己的子孫後代著想，趁當官之際開辦私人產業，從中牟取利潤。但是，楊震始終沒有同意。他說：「不給子孫購置產業，而是留下了清白廉正的名聲，不也是十分豐厚的遺產嗎！」

雖然我們不相信因果報應，但是，我們不能不相信「天網恢恢，疏而不失」。有句古話說得好：「懼法朝朝樂，欺公日日憂」，這句古話的意思是：一個人在法律面前，有畏懼感，時刻不敢違法，只能遵守，那麼這個人每天都會得到歡樂，平安與幸福；反之，如果一個人在法律面前，無畏無懼，時刻想不遵守法律，天天想與法律爭高下，幹一些違法的事情，那麼，這個人日日不得安寧，天天怕自己的行徑被暴露在光天化日之下，時時怕被繩之於法，他的日子能不憂愁嗎？

傳統醫學認為，人的七情六慾與人的五腑六髒有著密切的關係。《內經》說：喜則傷心，怒則傷肝，驚則傷腎，思則傷脾。因此，我們要善待自己，做到身與心和諧。不要給自己增加罪惡感。也就是說，在為人處事的時候，不要做損人利己的事情，不要做事後使內心不安的事情，不要做使自己有負罪感的事情。

現實生活中的腐敗分子，他們的腐敗行為就是在給自己增加罪惡感。腐敗的思維、行為、行為後的心理陰影使人在自身產生一種有度的「自攻擊體」，去摧殘人的身體。巴西的阿尼塞托．馬丁斯醫生透過十年的對比、研究，發現五百八十三名不廉潔的官員有百分之六十生病和死亡；而五百八十三名廉潔的官員中，生病和死亡的只有百分之十六。他在研究報告中指出：「當違反道德準則時，在精神和身體上就會受到自體的攻擊，最終導致疾病和死亡。」這是他所提出的著名的「腐敗死亡論」。

寬心的智慧

一切以權謀私的腐敗分子，他們唯一的出路就是改惡去壞從善，否則，他們必然受到懲罰。即使逃脫了法律的制裁，也無法逃脫「自攻擊體」的制裁。這也是老子所說的「天網恢恢，疏而不失」的科學依據。

不可以為自己無所不知，無所不能

老子在《道德經》中寫道：「知之不知，上；不知知之，病。夫唯病病，是以不病。聖人不病，以其病病，是以不病。」意思是：知道的並不說自己知道，這是最好的。自己不知道硬說自己知道，這實際是病。唯一的是知道這是一種病，所以他就不會犯這種病。聖人之所以沒有這種病，是因為他知道這是一種病，所以才不會做。

老子在這裡講了兩個重要的觀點：一是「知不知，上；不知知，病」。他肯定了對人對事要一分為二，知道自己的不足，瞭解自己的薄弱環節，認為這才是真正的聰明，智者。同時，又否定了「不知知」，認為那是一個嚴重的缺陷。二是「夫唯病病，是以不病」。「不知知」，幾乎是人之通病。要克服這種病，使自己成為「知不知」的智者，正確的選擇是「病病」，是把「不知知」

首先當作毛病，隨後厭惡它，下決心與它「分手」。

但是，在現實生活中，能自覺「病病」者實在罕見。多數人總以為自己無所不知，無所不能，縱使不知，也要強以為知。縱使不能，也要強以為能。他們決不甘心承認自己無知、無能。因此，在生活中，不懂裝懂；不會裝會；一知半解充內行；只看到事物表層，就以為洞察事物本質；僅看到事物的局部，摸到了「像腿」，就以為認識了事物的整體，認識了「大象」……類似如此荒謬可笑的事，層出不窮。

然而，一個人不可能事事皆知，事事皆能。這一現實，在古代如此，在科技迅速發展的今天更是如此。每個人都有他所「知」，所「能」，但也必然有其「不知」、「不能」。從今天的現實看，面對浩如煙海的知識海洋，面對無窮盡的科學技術，面對茫茫宇宙，對一個人來說，所「知」、所「能」者畢竟只是局部，甚至只是一個極為微小的局部。而「不知」、「不能」者，卻是廣大的領域，是比所「知」、所「能」多得多的領域。「不知」，是客觀存在。人們之所以「不知知」，是不敢面對現實，是愚蠢的自尊性在作祟，自己蒙蔽了自己，也自欺欺人。

這和孔子的「知之為知之，不知為不知，是知也」所表達的思想是一致的。它告誡我們該怎樣做人。那就是：不要不懂裝懂，否則，就會貽笑大方。

楚邱地方有個文人，其博學多識的名聲並不亞於魏人。一天，他得到了一個形狀像馬的古物，造得十分精緻，頸毛與尾巴俱全，只是背部有個洞。楚邱文人怎麼也想不出它究竟是幹什麼用的，就到處打聽。可是問遍了街坊遠近許多人，都沒一個人認識這是什麼東西。只有一個號稱見多識廣、學識淵博的人，聽到消息後找上門來，研究了一番這古物，然後慢條斯理地說：「古代有犀牛形狀的酒杯，也有大象形狀的酒杯，這個東西大概是馬形酒杯吧？」楚邱文人一聽大喜，把它裝進匣子收藏起來，每當設宴款待貴客時，就拿出來盛酒。

有一次，仇山人偶然經過這個楚邱文人家，看到他用這個東西盛酒，便驚愕地說：「你從什麼地方得到的這個東西？這是尿壺呀，也就是那些貴婦人所說的『獸子』，怎麼可以用來做酒杯呢？」楚邱文人聽了這話，臉「噌」地一下紅到了耳根，羞慚得恨不得立刻在地上挖個洞鑽進去，趕緊把那古物扔得遠遠的。

明明不學無術，卻偏要裝作博學多識的人，最終只能自欺欺人，出盡洋相。

「說老實話，辦老實事，做老實人」是每個人都應該奉行的為人之道。那些企圖依靠吹噓或欺騙手段爭得名利的人，常常會出盡洋相，得不償失。下面的這個故事更是令人捧腹和反思。

有個秀才養了個蠢兒子，卻時時巴望他揚個好名。

一天，他得知有幾個遠客來訪，就事先教兒子說：「如果客人問起門前的樹，就答：年成不好，賣了；如果人家問起屋後的大竹園，就說：兵荒馬亂，糟蹋了；人家要是看見倉裡的糧食，就告訴人家：這都是爹媽辛苦掙的；要是人家看見牆上的秀才憑證，就說：這不稀奇，我們家一輩出一個。」

兒子那兩天什麼事都不做，把老子教的話一遍又一遍背得滾瓜爛熟。

客人來了。老子為了讓兒子露才，就故意躲開，讓他一個人待客。

客人進門後問他：「你父親上哪裡去了？」

兒子按順序答：「年成不好，賣了。」

客人一聽，皺起眉頭，又問：「你母親呢？」

兒子答：「兵荒馬亂，糟蹋了。」

客人見這個兒子淨說些不著調的話，就望著一堆牛糞歎息道：「堆頭不小，儘是糞尿！」

那兒子忙接著說；「這都是我爹媽辛苦掙的。」

客人實在憋不住了，說：「你怎麼這麼傻呢？！」

秀才的兒子趕忙回答：「這不稀奇，我們家一輩出一個。」

不求甚解、炫耀死記硬背的東西就常常會鬧出笑話。只有多學習，才能避免這種笑話。

寬心的智慧

「學，然後知不足。」一個人不知道一件事不怕，怕的是無知到不知自己無知的程度，那樣就很難有學習的慾望和進步的機會。

人爭一口氣，佛爭一爐香

常言說：「人爭一口氣，佛爭一爐香。」著名畫家徐悲鴻有一句名言「人不可有傲氣，但不可無傲骨。」這句話告訴我們做人要有骨氣。傲氣是一時的神氣，傲骨是從骨子裡透出來的尊嚴，不能驕傲，但也不能唯唯諾諾，一點骨氣都沒有，受人欺負。在這方面，孟子為我們樹立了很好的表率。

有一次，孟子本來準備去見齊王，恰好這時齊王派人捎話，說是自己感冒了經不得風，因此請孟子到王宮裡去見他。孟子覺得這是對他的一種輕慢，於是便對來人說：「不幸得很，我也病了，不能去見他。」

第二天，孟子要到東郭大夫家去弔喪，他的學生公孫丑說：「先生昨天托病不去見齊王，今天卻去弔喪，齊王知道了怕是不好吧？」孟子說：「昨天是昨天，今天是今天。今天病好了，我為什麼不能辦我想辦的事呢？」

孟子剛走，齊王便打發人來問病。孟子的弟弟孟仲子應付說：「昨天王有命令讓他上朝，他有病沒去。今天剛好一點，就上朝去了，但不知道他到了沒有。」

齊王的人一走，孟仲子便派人在孟子歸家的路上攔截他，讓他不要回家，快去見齊王。孟子仍然不去，而是到朋友景丑家避了一夜。

景丑問孟子：「齊王要你去見他，你不去見，這是不是對他太不恭敬了呢？這也不合禮法啊。」

孟子說：「哎，你這是什麼話？齊國上下沒有一個人拿仁義向王進言，這才是不恭敬啊。我呢，不是堯舜之道不敢向他進言，這難道還不夠恭敬？曾子說過：『晉國和楚國的財富我趕不上。但他有他的財富，我有我的仁；他有他的爵位，我有我的義。我為什麼要覺得比他低，而非要去趨奉不可呢？』爵位、年齡、道德是天下公認為寶貴的三件東西，齊王哪能憑他的爵位輕視我的年齡和道德呢？如果他真是這樣，便不足以同他有所作為。我為什麼一定要委屈自己去見他呢？」孟子的這種境界自然不是常人所能達到的。

在大千世界中，在茫茫人海中，在一生的坎坷道路上，不管你是名人還是尋常百姓，榮與辱常伴你左右，似乎是與生俱來的。真正做到寵辱不驚，需要有一種置得失於度外的豁達精神。寵辱不驚是一種修養，是一種操守。輕易地為得寵而驚喜失態，是淺薄的表現。

恃才傲物者如果可以稱之為清高，那恃寵凌弱、恃寵枉法者就是道德低下者了。

如果一個上進的人，動輒因寵而忘形，就等於無形中為自己設置了重重路障，很難勇往直前了。如果一個事業有成者，卻常常因寵而沾沾自喜，就會失去自己的優勢。最關鍵的是，他將逐漸失去周圍的朋友、群眾，進而掏空了自己腳下的基礎。

寬心的智慧

宋代楊時說：「人為外物所動者，只是淺。」淺薄的人和虛懷若谷的人在這裡涇渭分明。

每個人的心中都有一株妙法蓮花

禪詩裡說：「每個人的心中都有一株妙法蓮花，有人盡心綻放布施美麗與清香；有人半開半合，在智慧的黎明時分，似夢似醒；有人渾然未覺，不知開啟內在的絕世之美。」

禪家總是站在理性的高處，以超越紅塵的灑脫來參悟人生和自省生命的。人生如花，這種想像的意境是貼切而優美的。

花一樣的生命，理應自誕生之日起，就一瓣一瓣地綻放它的美麗與清香，使這個原本死寂荒涼的世界五彩繽紛，充滿快樂。事實上，人類自誕生起，就一代一代地在做著這方面的努力，極盡智慧和勤奮地按照美的形象裝扮世界，並塑造自己。

作為最富創造力和靈性的人，是生命之美中一切美的總匯和化身。兒童如初上枝頭的花蕾，嬌嫩的苞裡儲滿了晨光與希望；少年如初綻的蓓蕾，在似放非放間羞澀地打著盹兒，春心裡儘是夢想；青年如怒放的花朵，瓣瓣流香滴翠，極顯青春的活力與誘惑，面臨一切當仁不讓；中年如盛開的花朵，瓣兒漸失嬌艷卻已熟稔，蕊中開始纍纍地坐果；老年如結了果的花，萼殘瓣落，但遲暮地「梅開二度」，也更現其俏美和風流。

人的一生就是花的一生。那麼，人生又為何應如白蓮呢？

白蓮乃花美中最美麗最純粹的，人也是生命中最高雅最完美的。以蓮擬人，以人喻蓮，本身就是一種美。蓮，濯清流而不妖，出污泥而不染，真乃絕世之潔之美。惜乎！現實中並非人隨天願。有高潔者一生傳播真理，創造文明，也有卑劣者生來就玷污生活，行罪作惡；有急公好義者昇華為英雄，也有私慾熏心者沉淪為孽障；有人一貫將愛心奉獻給社會，有人一味盤剝別人佔盡便宜；有人知足常樂，有人貪得無厭；有人貞守操行，有人不葆晚節。

很多人都不太喜歡宋朝理學家的文字。姑不論其內容，就是那種訓喻的口吻，也往往惹人生厭。但同樣是理學家的訓喻文章，周敦頤的一篇短短的《愛蓮說》卻膾炙人口，千古傳誦。其中描寫蓮花的那一段特別著名：

「……予獨愛蓮之出淤泥而不染，濯清漣而不妖，中通外直、不蔓不枝，香遠益清，亭亭淨植，可遠觀而不可褻玩焉。」

宋代大詞人周邦彥的《蘇幕遮》中有寫蓮花的名句：「葉上初陽干宿雨，水面清圓，一一風荷舉。」描摹蓮花的風神如畫。而周敦頤卻更寫出了一種精神。實際上，蓮花不過是比喻，他寫的是人，一種人格，一種風格。

這種「出淤泥而不染」的精神、人格或者風格，是千古以來讓人們讚歎嚮往的。但對千千萬萬平凡的個人來說，如何在現實世界裡「安身立命」（這包括物質上的「穿衣吃飯」和精神上的「安定祥和」），卻是時刻面臨的大問題。自有人類歷史以來，這個世界就一直充斥著矛盾、不平、劫奪、殺戮，人們的困苦、惶惑沒有停止過。

如何把握住自己，不受外界惡劣、醜陋事物的污染，做到「出淤泥而不染」，就是時刻擺在每個人面前的相當艱巨的人生課題。

「出淤泥而不染」可以理解為「淨化自己」，也就是「清淨自性」的實現。這是古人所謂「為己之學」。表面看起來目標很渺小，有點「自私」的意味。但實際上，如果每個人都真正做到了「出淤泥而不染」，成為道德上自我完善的人，那麼，社會也就成了完善的社會。實現個人心靈的淨化，正可視為實現濟世弘願的根本。這也就是為什麼千百年來人們欣賞《愛蓮說》這個比喻的緣由。

值得注意的是，周敦頤的蓮花之喻又正取自佛典，「出淤泥而不染」也是佛教倫理所提倡的精神。周敦頤以理學先驅知名，卻深受禪的影響。他曾與當時的著名禪師如東林常總、晦堂祖心、黃龍慧南、佛印了元等密切來往，習禪很有心得。宋代理學家大都有一段學佛的經歷並多多少少受其啟迪，只是後來多數人卻諱言與佛的關係了。而宋代理學在倫理思想方面的貢獻，其所提倡的修養身心的內容和方法，都受到禪的很大的影響。這也表明了禪的倫理價值。

周敦頤曾住在廬山蓮花峰下的濂溪。這裡是自古以來的佛教興行之地。他在這裡寫《愛蓮說》，顯然是直接受到佛說、特別是禪的啟發的。

每個人都有每個人的活法，但哪一種活法才是不斷地開啟心中的妙法蓮花的鑰匙呢？

答案不言自喻。

寬心的智慧

生命的每一時刻都應像蓮花徐徐開啟，向世界播放美與清香。人生的每一階段都應像蓮花灼灼綻放，不悔錯過的陽光，不懼即到的風霜，盡心盡力地直到最後。最後即便萼殘瓣落，也要有蓮子如「舍利」一樣，光輝燦爛，流芳不凋。這才是無愧的人生！

只有不棄小善，才能集成大善

三國時期的劉備曾告誡他的兒子劉禪：「勿以惡小而為之，勿以善小而不為」。因為「小隙沉舟」，「螻蟻之穴，可潰千里長堤」。荀子指出：「積土成山，風雨興焉；積水成淵，蛟龍生焉；積善成德，而神明自知，聖心備焉」，「故不積跬步，無以至千里；不積細流，無以成江海」。就是說，高尚的品格不是一夜就能養成的，它需要一個長期的積累過程。

只有不棄小善，才能集成大善。平時不檢點，不積善，隨意性強，只想有朝一日碰上緊要關頭，定會挺身而出，這是根本不可能的。平時不注意改掉小毛病、小缺點、小過失，對自己姑息原諒，日後必會釀成大錯，出大問題。

古人說：「一念錯，便覺百行皆非，防之當如渡海浮囊，勿容一針之罅漏；萬善全，始得一生無愧，修之當如凌雲寶樹，須假眾木以撐持。」意思是說：

因為一念之差而辦錯了事，會使你覺得所有行為都有過失。所以，謹防差錯就像渡海攜帶的氣囊一樣，容不得針尖大的一點兒裂縫。什麼樣的好事都做，才能使人一生無愧無悔。

修身就像凌雲寶樹要靠眾多的林木扶持一樣，要多多地積累善行。在歷史上，有很多因「一念錯」而招致「終生悔」的實例。

唐朝元和年間，有一個名呂元應的人。他酷愛下棋，養有一批下棋的食客。呂元應常與食客下棋。誰如贏了他一盤，出入可配備車馬；如贏兩盤，可攜兒帶女來門下投宿就食。

有一天，呂元應在院亭的石桌旁與食客下棋。正在激戰猶酣之際，衛士送來一疊公文，要呂元應立即處理。呂元應便拿起筆準備批復。下棋的門客見他低頭批文之狀，認為不會注意棋局，迅速地偷換了一個子。哪知，門客的這個小動作，呂元應看得一清二楚。他批復完文件後，不動聲色地繼續與門客下棋；門客最後勝了這盤棋。門客回到住房後，心裡一陣歡喜，企望著呂元應提高自己的待遇。

第二天，呂元應攜來許多禮品，請這位食客另投門第。其他食客不明其中緣由，很是詫異。

十幾年之後，呂元應處於彌留之際，他把兒子、侄子叫到身邊，談起那回下棋的事，說：「他偷換了一個棋子，我倒不介意，但由此可見他心跡卑下，不可深交。你們一定要記住這個教訓。」他積多年人生經驗，深覺棋品與人品密不可分。

小事顯示人的品德。在日常生活中，不管是工作中還是娛樂中，你的一言一行都是別人衡量你人品的尺碼。所以，不能不謹小慎微地恪守正直無私、光明磊落之道。

除了「勿以惡小而為之」，古人還特別強調「勿以善小而不為」。下面的這個故事就闡釋了這一思想。

據《佛經》中記載，一名高僧知道他的小沙彌徒弟只剩七日的壽命，於是慈悲地讓他回家探親。

小沙彌在途中，正好遇到一場大雨，他發現一群螞蟻正努力地從積水的地方爬出，但卻不斷的被雨水沖回去。於是，小沙彌心生憐憫，先將牠們一一救出，確定安全無虞後，才繼續他的旅程。

七天後，小沙彌又回到寺院，高僧感到非常驚訝，於是入定觀察，發現原來是小沙彌的一念慈悲心，不但救了螞蟻，也增加了自己的壽命。

寬心的智慧

睿智的古人總是提醒世人：心地要善良，處事要老實，行善造惡自有因緣果報，不可不慎！

6

人心向善，善待別人就是善待自己

不通人情世故，只知道每天打坐、唸經，如果都按這樣去修行，恐怕坐一輩子禪，也是死禪；悟一輩子空，也是頑空。

修行不能離開生活，不能忽視為人處世的問題

有這樣一幅漫畫，描述的是：一位老居士，手持念珠，坐在蒲團上，念佛打坐。一個小孩由門外伸頭進來，喊道：「爺爺，外面有人找你。」老居士怒容滿面，叱責孫子道：「你沒有看到我在打坐？」

「打坐」坐到這個程度，不坐也罷。所謂修行重在修心，如果不能改掉嗔恚習氣，坐爛十個蒲團又有何用呢？

修正行為缺失原本就在日常生活之中進行。離開生活，何來的修行？所以六祖慧能大師有偈曰：

「佛法在世間，不離世間覺。
離世覓菩提，恰似覓兔角。」

佛法原來就是在人們生活中，離開生活，離開世間，何處去覓佛法呢？

有一位中年以後出家的高僧，居住在離家很遠的寺院裡，由於他有很高的修持，許多弟子都慕名來跟他修行。平常，他教化弟子們應該斷除世緣，追求自我的覺悟，精進開啟智慧，破除自我的執著。

有一天，從高僧遙遠的家鄉傳來一個消息，高僧未出家前的獨子因疾病而死亡了。他的弟子接到這個消息時聚在一起討論，他們討論的主題有兩個：一是要不要告訴師父這個不幸的消息？二是師父聽到獨子死亡的消息會有什麼反應？

他們後來得到共同的結論，就是師父雖已斷除世緣，孩子終究是他的，應該讓他知道這個不幸。並且他們也確定了以師父那樣高的修行，對自己兒子的死一定會淡然處之。

最後，他們一起去告訴師父不幸的變故。高僧聽到自己兒子死的消息，竟痛心疾首流下了悲愴的眼淚。弟子們看到師父的反應都感受到大惑不解，因為沒想到師父經過長久的修行，仍然不能斷除人間的俗情。

其中一位弟子就大著膽子問師父：「師父，您平常不是教導我們斷除世緣，追求自我的覺悟嗎？您斷除世緣已久，為什麼還會為兒子的死悲傷流淚？這不是違反了您平日的教化嗎？」

高僧從淚眼中抬起頭來說：「我教你們斷除世緣，追求自我覺悟的成就，並不是教你們只為了自己，而是要你們因自己的成就使眾生得到利益。我的孩子是眾生之一，眾生都是我的孩子，我當然要為自己的兒子流淚。」

弟子們聽了師父的話，都感到傷痛不已，精進了修行的勇氣，並且開啟了菩薩的心量。

寬心的智慧

這是動人的故事，說明了修行的動機與目標，一個什麼樣的人才值得崇敬呢？即確立了修行是為使得眾生得益，不是為了小我。

將一己的私愛昇華為對大眾的愛

感情是人類與生俱來的本能，慈悲是人類情感淨化的善美境界。對於凡夫俗子來說，愛便是生的奧祕。從生命的出生，到生活、生存的維持、延續，無不以愛為起點，為肇始。如果沒有了愛，根本就不會有生命，連生命都沒有，這世界和宇宙還有什麼意義？

因此，可以說：愛是一切的根；愛是宇宙萬有之源；愛是天地之間最偉大創造的能；愛是森羅萬象孕化、生成之母……

在這時間無限、空間無際的大宇宙裡，因愛而有芸芸眾生；因愛而美化了人生，美化了世界，美化了宇宙。而人的品質的提升，性靈的超越，都必須以愛為基點。因為把小愛擴展而為大愛時，一個平凡的人便會成為賢人、聖人；擴大為仁（仁者愛人）而能行仁的人。

昔賢形容得好：「天不生仲尼，萬古如長夜；世間如無佛，眾生永沉淪！」可見，生命中最不可缺少的愛，必須從其愛自己、愛父母、愛妻子、愛兒女、愛家庭，擴展延伸而為愛鄰里、愛鄉親、愛同胞、愛眾生……把愛心變得無限大時，就會到達生命的圓滿——天地同根、萬物一體，「贊天地之化育，則可以與天地參矣！」

愛可以充實人生，提升性靈，美化世界和宇宙；離開了愛，就不會有科學的「真」、哲學的「善」和藝術的「美」。在這愛的世界、愛的宇宙、愛的人生中，只有愛是最真實、最普遍、最永恆的，放眼看那無際的星海，深邃、和諧；向陽、迎露的草木；舐犢、反哺的深情；鳥語花香的春意……到處都展示著愛的生機，顯示出了生命的奧祕，充滿著和諧、活潑的生機。

這種自然的真，無私無我的行「仁」，任何人只要志在聖賢，都可以成為聖賢的。只要革除「小我」的私心，捨去多餘的妄想，與先聖、先賢又有何差別？

真實的是原本的，原本的亦是普遍的。生命是宇宙的主宰，宇宙是生命活動的領域；而生命之體是心與物的融合，融合了的生命是一個個不可分割的實體。事實上，也只有心與物融合為一體的生命實體，才能顯現出生命的活力，才能有向前、向上無限的發展和創造；如果離開了愛的初因，生命在哪裡？沒有了生命，什麼叫心？什麼是物質？

所以，只有愛才最完美、最真實；有了愛人類才會生生不息、欣欣向榮；如果沒有愛，便不會有生。

寬心的智慧

惟有愛及生，才能夠顯現入眼儘是愛的天地、愛的美好、愛的人生。

以真誠的心去利益他人也會使自己受益

《雜阿含經》中有這樣一個故事：

有一對師徒，靠一人在下面以肩膀托著木桿，另一人爬上木桿頂上表演維生。有一次，師父對徒弟說：「你在上面守護我，我也在下面守護你，互相扶持，到處表演，便能多賺財利。」徒弟卻說：「應該是我倆分別在上面和下面守護自己，就能多獲財利。」師父回應道：「你所說的和我所說的沒有分別。全靠我們緊密合作，才會有安全而成功的演出，你守護自己就是守護我，我守護自己就是守護你。」

這個故事告訴我們傷害人的話，最終都會自食其果；若我們利益他人，自己也會得到好處。

佛經上說：「惟菩薩行者得成佛，而修獨覺禪永不得成佛。」這是佛教提倡的「不為自己求安樂，但願眾生得離苦」的最高的慈悲利他思想的體現。

按照佛教通常的解說，慈是慈愛眾生並給予快樂，悲是悲憫眾生並拔除其痛苦。慈悲實際上就是憐憫、同情。佛教認為，慈心是希望他人得到快樂，慈行是幫助他人得到快樂；悲心是希望他人解除痛苦，悲行是幫助他人解除痛苦。

要幫助他人得到快樂，就應該把他人的快樂視同自己的快樂；要幫助他人解除痛苦，就應該把他人的痛苦視同自己的痛苦。

古人說：「害人者害己，助人者助己」。助人者之所以能夠助己，是因為幫助了別人，可能沒有物質上的回報，但一定會有精神上的回報，比如，別人說聲「謝謝」。即使別人不說，那種友善的眼神，感激的目光，也會讓我們心裡充滿溫暖的感覺。幫助別人，一方面可以獲得友善、感激和信任；另一方面也讓我們覺得自己活得有價值，對別人有用，獲得一種對自我的肯定。這些積極的情緒和自我認同感，會讓我們心情愉快。

助人為樂，這個樂，一方面是指幫助了別人讓人家高興，另一方面也指幫助了別人自己也很高興。人經常保持一個愉快的心情，對健康是非常有利的，所以為人──「凡真心助人者，最後沒有不幫到自己的」，這就是利益了他人，同時也利益了自己。

利益他人，不只是讓我們在物質、金錢方面伸出援手，精神上的幫助有時更重要。在別人有需要的時候，我們的一個淺淺的微笑，一句親切的問候，一個鼓勵的眼神，都能夠給沮喪的人一點鼓勵，給疑惑的人一點提醒，給痛苦的人一點安慰……這些都是一些小事，而且是我們舉手投足之間就可以做到的，所需要的就是我們的耐心和細心以及理解和體諒。這可以讓我們身邊的人得到最實質的利益，他們會因此而感受到良好的生活環境、有序的規則、和諧的人際關係、濃濃的親情。而這些，也正是我們所希望擁有的！

寬心的智慧

在生活中，如果我們以真誠的心，去利益他人，也會在無形中使自己受益。「送人玫瑰，手有餘香。」有時搬開別人腳下的絆腳石，恰恰是為自己鋪路。

奉獻不一定講究物質上的給予

奉獻不一定講究物質上的給予，而是在付出一片真誠的心。我們對待朋友、師長、父母要有一片至誠懇切的真心，所謂奉獻，不外奉獻我們一顆真誠清淨的心，這是最寶貴的。以奉獻為樂的人，其提升自我的人格不但比一般人快速，心中也比一般人歡喜。人人若能發願如蠟燭一般照亮別人，奉獻一己之能，以助人為樂，在工作中犧牲、服務、奉獻，不僅在團體中能順利生根，也是未來事業成功的一大助緣。

在佛典中，有一個故事叫「阿那律穿針」。阿那律是一位精進的修道者。他專心誦讀經文，時常通宵不睡覺。因為過度疲勞，所以眼睛瞎了。他雖然傷心，卻不頹喪，反而更勤奮學習。有一天，他的衣服破了一個洞，便自己動手縫補。後來線脫了，他又看不見，十分狼狽。

佛陀知道阿那律的困難，便來到他的房中，替他取線穿針。

「是誰替我穿針呢？」阿那律問。

「是佛陀為你穿針。」佛陀一面回答，一面為他縫補破洞。

阿那律感動得流下淚來。

「同情別人，幫助別人，是我們應有的責任。」佛陀說。佛陀以身作則，給大家樹立了一個好榜樣。弟子們知道了，十分感動，都互相勉勵，互相幫助，為大眾服務。

助人為樂，是中華民族優良傳統之一，在以「和為貴」為中國傳統倫理文化基本精神所體現的道德關係上，有力地維護著綿延數千年的中華民族的和諧統一。揚棄傳統倫理道德觀中夾雜的封建宗法成分，實現其中倫理關係在道德上的義務的要求，反映人們對和諧、融洽環境的追求。

助人為樂，一方面反映了人們希望在社會生活中處於互助、互愛、互幫的人際關係的情感意願；另一方面體現了人們對自己與他們良好社會關係的追求。「助人」是因，「為樂」是果。「助人」是人格價值的實現，「為樂」是人格自尊的體現。

但是，一個人總讓周圍的人感到對別人的事情過分關心，也不分「份內份外」，這或多或少有「干涉他人內政」之嫌。久而久之，別人也會不分什麼事情，一概對你「敬而遠之」。隔閡由此而生，出力反不落好。替別人做主助人為樂本是應該大力提倡的美德，這一點毫無疑問。但在人際交往過程中出現喧賓奪主的情況卻屬大忌。自己揣度他人的心意並幫助出謀劃策不失為一種高超的交往技巧，但這種情形下個體的獨立性同樣很重要，需要予人以充分的尊重。有時過分的熱心可能扭曲影響了雙方正常的關係，結果會事與願違，適得其反。

我們希望未來的前途能夠成功，首先要養成一種觀念：從奉獻中獲得快樂。

寬心的智慧

有些人是從貪慾心中去追求快樂，從個人自私中去佔有快樂，從物質享受中去尋找快樂。而要想獲得內心真正的平衡，一定要掃除自私自利的觀念，淨化自己的身心，變化自己的氣質，莊嚴自己的思想，從奉獻中獲得快樂。

愛是相互的，是需要傳播的

一個小寺廟有兩個和尚：行癡和未明。一開始，他們每天都出去化緣，後來就只有行癡天天出去化緣了。原來，未明發現龍山下的緣十分好化，隨便到山下走走，就能化到很多。未明則把化來的錢買很多米、面等生活必須品存放著，其餘的時候就在寺廟裡睡懶覺。

行癡就勸未明，讓他不要虛度時光，要出去化緣。

未明聽了很煩，說：「出家人豈可太貪？有吃的就行。你看我有這麼多的糧食，足可以讓我吃上半月，何必出去奔波勞累？」

行癡念了聲阿彌陀佛，說：「師弟，你化了這麼多年緣，還沒有參悟到化緣的妙處和真諦啊！」

未明聽了，就諷刺行癡說：「師兄，你倒是日出而出，日落而歸，可你空手而去，空手而回，你化的緣呢？」

行癡說：「我化的緣在心裡。緣自心來，緣也要由心去。」

未明聽得一頭霧水，說：「不明白，不明白。」

後來，未明化的錢物越來越少了。這讓未明很苦惱。原來化一次緣可以吃上半月，現在只可吃上幾天。

但行癡依舊天天日出而出，日落而歸，空手而去，空手而回，但行癡天天都面帶微笑。

未明想挖苦師兄，說：「師兄，你今天收穫如何？」

行癡說：「收穫多多。」

未明問：「收穫在哪裡？」

行癡說：「在人間裡，在人心裡。」

未明感覺自己一時很難參悟師兄的話，決定第二天一起跟行癡去化緣。未明說：「師兄，我悟性太差，我想明天跟你去化一次緣。」

行癡點頭同意。

第二天，未明要跟行癡去化緣了，就又拿了那個他出去化緣用的布袋。行癡說：「師弟，放下布袋吧。」未明問：「為什麼？」行癡說：「你這布袋裡裝滿私慾貪婪，拿出去，是化不來最好的緣的。」

未明又問：「那我們把化來的東西裝哪兒？」

行癡說：「人心裡，人心無所不容。」

就這樣，行癡和未明上路了。未明跟行癡每到一處，就會有很多人認出行癡。行癡還沒來得及說話，他們就主動拿出東西給行癡。有的還說：「幸虧行癡大師上次施捨，才使我們渡過難關。行癡大師的大恩大德，我們沒齒難忘啊！」

未明在心裡想：「不讓我拿布袋，看你一會把東西往哪裡擱？」

他們繼續往前走，他們化的緣也越來越多。未明看到今天收穫不少，滿懷欣喜。恰在這時候，從遠處走來一個農夫，懷裡還抱著一個孩子，邊走邊哭。原來，農夫的孩子得了重病，他拿不出錢來給孩子看病。行癡就走過去，把化來的財物全部給了農夫。

他們繼續前行，除了溫飽外，他們一路化了就捨，捨了再化。

行癡問未明：「師弟，跟我出來你化到了什麼？」

未明苦笑。

行癡說：「師弟，你只知道緣來之福，而不懂得緣去之福。看天地間，自然萬物為何如此美麗？因為天地萬物都在循環啊！師弟，風水、日夜、四季，哪一樣不是在循環？光知道緣來之福的人，那只得片刻的歡愉，時間久了，就是一池死水。我們之間的區別就是：你把化來之物放在了充滿私慾貪婪的布袋裡；我則把化來之物放在人心裡循環，讓善良和愛在人間、在人們的心裡循環。」

未明聽到這裡，低下了頭。平等、博愛、奉獻是人類不懈的追求。愛是需要傳播的，愛是相互的。當自己有能力的時候，就應該儘量幫助別人，用自己的實際行動讓世界變得更加溫馨，更加美好。我們要肯從小事做起，從一點一滴做起，把關愛別人和被愛別人關愛的幸福傳遞得更遠，把愛的種子，像蒲公英的種子一樣播灑在每個人的心裡面，讓它生根、發芽、開花、結果；同時又把這些愛的種子，傳播到其他需要被關愛的地方。

寬心的智慧

只要人人都獻出一點愛，世界將變成美好的人間。

不求感恩，能做到的好事就儘量去做

曾經有一個人對禪師說：「好人難做，善門難開。所以，要做小好人，不能做大好人；要做小好事，不能做大好事；要開小善門，不能開大善門。」

禪師問他為什麼？他說：「當一個人飢餓的時候，你給他一斤米，讓他拿回家煮飯，他會非常感激。因為缺了這一碗飯，他可能就活不下去了。但如果你把沒飯吃的人養在家裡，天天給他飯吃，當你請他幫忙做事的時候，他可能就會起反感：『有什麼了不起，我只是吃你幾口飯而已，你把我當成什麼了？』漸漸的，這種心理上的矛盾、衝突就會出現。」

這個人的說法是很有意思的，也有一定的代表性。

在日常生活裡，大家都希望遇到貴人，盼望能有貴人相助。不過有些人在獲得別人援助時，卻常常認為這是理所當然的，甚至埋怨對方：「你只幫了一點忙是不夠的，應該繼續幫下去才對！」更有甚者，貴人已經出現在眼前了，卻還有眼不識泰山，認為對方多管閒事。

如果遇到存有這種心態的人，就像「狗咬呂洞賓，不識好人心」——呂洞賓因為好心，拿了一些食物餵狗，結果狗不但不感激，還反咬他一口。社會上這種情況其實很多，你幫了對方的忙，他不但不知道感恩，甚至怪你多事，這種人不管你再怎麼善待他，他就是不滿意，可能還會反過頭來恩將仇報。遇到這種事，實在讓人心裡很難平衡，這時候該怎麼辦呢？

顯然，人與人之間一定是要互助合作的，當自己有資源、有能力的時候，就應該儘量幫助別人，至於別人是不是把你當貴人，並不重要。雖然可能會有一些後遺症，可是既然要做善事、開善門、做別人的貴人，就不應該計較，也不應該在做了好事以後，希望得到別人的感謝。

做好事只是單純因為自己「願意」這麼做，當對方得到幫助，自己覺得很歡喜，這就是幫助別人所得到的回饋。至於將來別人會怎麼批評、對待自己，都不必太在乎。

寬心的智慧

所以，如果想當別人真正的貴人，能做到的事就應該儘量做，他人的批評、譭謗、過分要求，不需要放在心上。因為不管別人怎麼想，怎麼說，那都是他的事，與自己無關；如果自己不該挨罵而挨罵了，那是別人罵錯了，根本不需要生氣、灰心，只要能奉獻一己之力，就應該感到愉快。

以大公無私的平等態度去對待人和事

古人說：「天地中萬物，人倫中萬情，世界中萬事，以俗眼觀，紛紛各異，以道眼觀，種種是常，何須分別，何須取捨！」意思是：天地間的萬物，人與人之間的錯綜複雜的感情，以及世界上不斷發生的種種事情，如果用世俗眼光去觀察，就會感到變幻不定令人頭昏目眩；如果用超世俗的眼光去觀察，就會發現，事物的本質是永恆不變的。可見，不論對人對物或對事，只要能以大公無私的平等態度去對待，又何必要有分別？何必要有取捨呢？

慧遠法師結捨於廬山，時值東晉南北朝的戰亂之時。廬循佔據江州，雄霸一方，宋武帝劉裕幾次降詔招撫，廬循都不肯從命。一場戰爭勢所不免。然廬循，對慧遠法師卻是禮敬有加，前後多次入廬山拜訪。原來，廬循的父親廬遐年少時曾與慧遠為同學，同窗學藝，交情也非同一般。廬循既視慧遠為父執長輩，又久慕慧遠的佛學聲名，因此執禮甚恭，常入山問候慧遠的起居。

然而，慧遠與盧循的來往卻引起了弟子們的擔心。他們勸諫說：「師父啊，你千萬不要再與盧循交往了。你想，盧循身為國寇，早就引起宋武帝的痛恨，被視為眼中釘、肉中刺。盧循遲早為武帝所滅，你與盧循交往，難道不怕別人疑心於你嗎？」

慧遠回答：「你們的佛法是怎麼學的，連這點道理也不懂？我佛法中情無取捨，隨遇而安，對人也不能以其尊卑貴賤而略有差別。盧循雖為國寇，對我來說卻只是佛子一位，哪裡是什麼國寇了？對此，知道我的人自會明白，我有什麼好怕的！」

弟子赧顏而退。慧遠遂與盧循繼續往來，每次相見，必是歡笑盡興而畢。

後來，宋武帝果然出兵討伐盧循，路過盧山，左右進諫說：「慧遠素在盧山，與盧循交情深厚，過從甚密。我們是否要把慧遠給抓起來？」

宋武帝說：「慧遠出家之人，情無取捨，他與盧循往來是佛法的本分，有什麼可疑的？」不但不抓，反而差人送信問候，並送了慧遠一大筆財物。

在日常生活中，有的人總是用高低貴賤來看待人，總想做人上人，這就難免心態失衡。所以，教育家陶行知先生告誡我們說：「不要做人上人，也不要做人下人，要做人中人。」只有把自己放在與眾人平等的地位，才可能保持平和的心態。

但是，人處在社會上，財富地位不均衡，是客觀存在的事實，如何能獲得平等的心態呢？

有人曾用農民洗紅薯來比喻人生際遇——在農村生活過的朋友大都見過洗紅薯的情景：將新挖的紅薯放在竹籮中，浸到水裡，左右搖晃，紅薯便不停地浮上來，又沉下去。人生也是這樣啊！有時候，這撥人浮上來，那撥人沉下去；有時候，那撥人浮上來，這撥人又沉下去。社會是動態的，人生是動態的，一個兩手空空的人，過幾年可能成了千萬富翁；一個富甲一方的人，過幾年可能蹲進了監獄，這不是生活中每天都在發生的事嗎？

其實，無論那只紅薯浮上來，還是沉下去，都是一顆紅薯，大同小異；無論這個人地位高低，都是人中人，人格平等。想通了這個問題，你就會真正獲得平等的心態。

你的地位不夠高，固然不能輕視別人；你的地位很高，也不能輕視地位比你低的人。相反的，你的地位越高，越是需要地位較低的人維護。世上的事都是如此：你把自己擺得越高，你在別人心目中的形象越低；你的姿態越低，別人把你看得越高。

相對來說，小人物打擊你的力量比幫助你的力量更大。打個比方，一個人沒有能力蓋起一座房子，他卻有能力拆毀一座房子。很多人的房子不是毀在比自己強大的人手上，而是毀在小人物手上。

寬心的智慧

在日常生活的為人處世中，我們一定要學會平等待人。無論對方地位高低，都要一視同仁，都不宜怠慢。這不僅是一種修養和品格，也是一種減小人生道路上的障礙和自保的智慧。

謝謝您購買 有一種智慧叫寬心 這本書！

即日起，詳細填寫本卡各欄，對折免貼郵票寄回，我們每月將抽出一百名回函讀者寄出精美禮物，並享有生日當月購書優惠！

想知道更多更即時的消息，歡迎加入“永續圖書粉絲團”

您也可以利用以下傳真或是掃描圖檔寄回本公司信箱，謝謝。

傳真電話：（02）8647-3660　　信箱：yungjiuh@ms45.hinet.net

☺ 姓名：　　□男　□女　　□單身　□已婚

☺ 生日：　　□非會員　　□已是會員

☺ E-Mail：　　電話：（　）

☺ 地址：

☺ 學歷：□高中及以下　□專科或大學　□研究所以上　□其他

☺ 職業：□學生　□資訊　□製造　□行銷　□服務　□金融

□傳播　□公教　□軍警　□自由　□家管　□其他

☺ 您購買此書的原因：□書名　□作者　□內容　□封面　□其他

☺ 您購買此書地點：　　金額：

☺ 建議改進：□內容　□封面　□版面設計　□其他

您的建議：